LARRY WINGET

Immer frei Schnauze

Witzige, böse und kluge Sprüche
für jeden Tag des Jahres

Bibliografische Information der Deutschen Nationalbibliothek
Die Deutsche Nationalbibliothek verzeichnet diese Publikation in der Deutschen Nationalbibliografie; detaillierte bibliografische Daten sind im Internet über http://dnb.d-nb.de abrufbar.

Die Originalausgabe erschien unter dem Titel
No time for tact, ISBN 978-1-592-40503-9

Übersetzung: Egbert Neumüller
Gestaltung und Satz: Johanna Wack, Börsenbuchverlag, Kulmbach
Druck: CPI – Ebner & Spiegel, Ulm

ISBN 978-3-941493-15-5

Für Fragen rund um unsere Bücher: buecher@boersenmedien.de
Weitere Informationen unter: **www.books4success.de**

BÖRSEN MEDIEN
AKTIENGESELLSCHAFT

Postfach 1449 • 95305 Kulmbach
Tel. 09221-9051-0 • Fax 09221-9051-4444

Vorbemerkung
von Larry

Diese Art von Büchern ist mir die liebste. Ohne Witz. Ich habe Dutzende Bücher von diversen Autoren, die so ähnlich sind. Deshalb bin ich so froh, dass ich mein eigenes herausbringen konnte und dass Sie es jetzt in der Hand haben. Ich liebe Bücher mit einem Gedanken pro Seite. Und ich liebe Bücher, die viele verschiedene Themen behandeln. Ich liebe Bücher, in denen man täglich liest, die mir manchmal nur eine tolle Zeile bieten, manchmal eine längere Betrachtung oder einen längeren Gedanken. An manchen Tagen mag ich gute, solide Inhalte. An anderen Tagen will ich etwas, das mich einfach zum Lachen bringt. Meistens will ich etwas, das mich zum Denken anregt, sodass ich einen Kumpel anrufen und ihm sagen möchte: „He, das musst du dir mal anhören!“

Außerdem mag ich dieses Buch, weil ich es als echtes „Best of Larry“ betrachten würde. Seine Seiten stecken voller Gedanken, Zitate und Passagen aus allen anderen Büchern von mir. Wenn Sie meine anderen Bücher nicht kennen, geben Ihnen diese kleinen Schnipsel ein gutes Gefühl dafür, wer ich bin. Wenn Ihnen diese kurzen Gedanken, Betrachtungen, Sticheleien und Ideen gefallen, können Sie sich in meinen anderen Büchern weiter informieren, denn Sie wissen ja schon, wer ich bin, was ich glaube, wie ich schreibe und worum es mir geht. Für meine erfahrenen Leser ist es die Quintessenz meiner Philosophie. Denken Sie an die ganzen Ratschläge zurück, die ich Ihnen in früheren Büchern gegeben habe. Jetzt haben Sie keine Ausrede mehr, sich nicht daran zu halten, denn ab jetzt bin ich ein ganzes Jahr lang jeden Tag eine Seite lang bei Ihnen.

Am besten gefällt mir an diesem Buch, dass es ein bisschen von allem für jeden enthält, egal was man sucht.

Egal ob Sie das Buch tageweise lesen wollen oder es am Stück verschlingen – ich weiß, dass Sie alle als Erstes zu Ihrem Geburtstag blättern, um zu sehen, was ich an „Ihrem" Tag sage. So sind die Menschen eben. Wir verbinden Informationen immer mit uns selbst. Und eigentlich will ich, dass Sie dieses Buch genau so benutzen: Denken Sie über das nach, was ich gesagt habe, und dann überlegen Sie, wie sich das Gesagte auf Sie und Ihr Leben anwenden lässt. Wenn Sie meinen, dass etwas, das ich gesagt habe, bei Ihnen funktioniert, dann probieren Sie es aus. Wenn das, was ich an einem bestimmten Tag gesagt habe, bei Ihnen nicht funktioniert, habe ich eine gute Nachricht: Es gibt noch 364 Gedanken, die Sie vielleicht

gebrauchen können. Selbst wenn Sie hier nur eine gute Idee finden, die Sie benutzen können, um Ihr Leben zum Positiven zu verändern, hat es sich gelohnt, das Buch zu lesen.
Viel Spaß!

Larry Winget

(Und jetzt blättern Sie zu Ihrem Geburtstag!
Ich hoffe, ich habe etwas Gutes für Sie geschrieben!)

1. Januar

Das alte Jahr ist vorbei.

Betrachten Sie es als erledigt. Ob gut oder schlecht, jetzt ist es vorbei. Die Vergangenheit ist vergangen. Vielleicht sind Ihnen im letzten Jahr ein paar gute Sachen passiert – freut mich für Sie. Jetzt ist es Zeit, aufzubrechen und neue gute Sachen passieren zu lassen.

Vielleicht sind Ihnen ein paar schlimme Sachen passiert. Also gut, willkommen im Leben; beim nächsten Mal mehr Glück!

Ein neues Jahr fängt an! Lernen Sie aus Ihren Fehlern und machen Sie weiter!

2. Januar

Rechnen Sie mit dem Besten.
Seien Sie auf das Schlimmste gefasst.
Feiern Sie alles!

3. Januar

Kürzlich hat mich jemand in einer E-Mail gefragt:
„Larry, halten Sie sich für einen Experten?“

Absolut! Allerdings bin ich kein Experte in Mitarbeiterführung, auch wenn ich viele erfolgreiche Organisationen geführt habe. Manche habe ich zum Star-Ruhm geführt, eines in den Bankrott. Welches hat mich am meisten gelehrt? Das, das ich in den Bankrott geführt habe.
Ich bin kein Experte für Kundenservice. Ich liefere tollen und fürchterlichen Service ab. Ich merke auch beides, wenn es mir widerfährt. Ich bin sicher kein Verkaufsexperte, auch wenn ich preisgekrönter Verkäufer war. Ich bin kein Experte für Geld oder für finanziellen Erfolg, auch wenn ich bankrott war und dann zum Multimillionär geworden bin. Ich bin gewiss kein Experte für Beziehungen; ich habe viele in den

Sand gesetzt. In meiner Ehe und mit meinen Kindern habe ich viel Mist gebaut.
In Wirklichkeit bin ich bloß Experte darin, dumm zu sein und daraus zu lernen. Tatsächlich könnte ich das Vorzeigeobjekt für Dummheit abgeben. Entscheidend ist, dass ich aus meiner Dummheit lerne. Ich schenke meinen Fehlern Aufmerksamkeit. Ich bin Experte darin geworden, den gleichen Fehler nicht ein zweites Mal zu begehen und aus jeder Dummheit zu lernen, die ich je begangen habe. Und ich bin Experte darin geworden, anderen zu sagen, wie man aus seinen Fehlern lernt.
Ich behaupte nicht, ich sei jemand, der ich nicht bin, und ich sage nicht, ich sei besser als alle anderen, die Bücher schreiben und Reden halten. Ich mache bis mittags mehr Fehler als die meisten anderen Menschen in einem Monat. Aber ich tue mein Bestes, aus jedem dummen Fehler zu lernen, den ich begangen habe. Probieren Sie diese Methode einmal selbst aus. Fürchten Sie sich nicht davor, Fehler zu machen. Werden Sie Experte darin, daraus zu lernen.

4. Januar

Kämpfen Sie fair.

Wenn Sie einen Kampf, eine Meinungsverschiedenheit oder einen Streit haben, bleiben Sie bei der Sache – werden Sie nicht persönlich. Persönlich werden ist nicht fair. Graben Sie keine Dinge aus der Vergangenheit aus, die nichts mit der Sache zu tun haben. Das ist nämlich auch nicht fair. Halten Sie den Streit bei der Sache, um die es gerade geht. Kämpfe gibt es in den besten Ehen und sie sind ein wichtiger Teil einer gesunden Beziehung. Sie müssen imstande sein, offen zu widersprechen, wenn Sie eine andere Meinung haben. Menschen, die sagen, dass sie sich nie mit ihrem Ehepartner streiten, haben keine rechte Ehe.

5. Januar

Wenn Sie unglücklich, erfolglos, krank oder pleite sind –

behalten Sie das bitte für sich. Wir anderen wollen das nicht hören, also fühlen Sie sich bitte nicht genötigt, es uns mitzuteilen!

6. Januar

Die Menschen sind egoistisch.

Begreifen Sie das, gehen Sie damit um und kommen Sie damit möglichst gut zurecht.

Seien Sie nicht so naiv zu behaupten, Sie würden das nicht begreifen. Das schadet Ihnen nur.

7. Januar

Wenn eine Person dumme Sachen macht,
erhält sie dumme Ergebnisse.
Wenn eine Person intelligente Sachen macht,
werden ihre Ergebnisse dieses Verhalten widerspiegeln.
Zu welcher Sorte gehören Sie nun?
Sehen Sie sich Ihre Ergebnisse an, dann wissen Sie es.

8. Januar

Eine Ausbildung ist teuer. Bücher sind teuer.

Schulungen sind teuer. Lernen ist immer teuer.

Dumm sein ist noch teurer.

(*Herzlichen Glückwunsch zum Geburtstag, Elvis!*)

9. Januar

Wenn du etwas vermasselst – üble Sache.

Gib es einfach zu, behebe es und mach weiter.

Abgesehen davon ist das Leben ein Fest!

– TYLER WINGET

10. Januar

Nicht alle Probleme können behoben werden. Bringen Sie sich nicht mit dem Versuch um. Manchmal bleibt Ihnen nichts anderes übrig, als mit dem Problem zu leben. Sie müssen mit dem Problem arbeiten. Umgehen Sie das Problem. Seien Sie schneller als das Problem. Seien Sie schlauer als das Problem.
Vermeiden können Sie es nicht; Sie lernen nur, damit umzugehen.

11. Januar

Wenige Menschen kommen auf sich selbst zurück und übernehmen Verantwortung für ihre Ergebnisse, bevor sie alle Möglichkeiten ausgeschöpft haben, jemand anderem die Schuld zu geben.

12. Januar

Beruf und Leben sind wie Golf.

Es geht nicht so sehr darum, jedes Mal richtig zu schlagen; es geht eher darum, dass man in der Lage ist, einen Fehlschlag zu korrigieren.

13. Januar

Je erfolgreicher Sie werden, umso weniger echte Freunde werden Sie haben.
Wieso? Zwar wollen alle, die Sie kennen, dass Sie erfolgreich werden, aber sie wollen nicht, dass Sie erfolgreicher werden als sie.

14. Januar

Lügen ist ein Charakterfehler. Es zerstört Vertrauen.

Es ist egal, wie klein eine Lüge ist.

Eine Lüge ist eine Lüge ist eine Lüge.

Ein Mensch, der in kleinen Dingen lügt,

wird auch in großen Dingen lügen.

15. Januar

Wenn Sie die Worte hören
„Ich werde es versuchen,“
dann können Sie Ihr Geld darauf verwetten,
dass es nicht klappt.

16. Januar

Wenn Sie Unternehmer oder Manager sind, fragen Sie sich:

Wofür bezahle ich meine Leute?

Die Antwort: für Ergebnisse. Nicht für ihre Zeit.

Nicht für die Einstellung. Nicht für Begeisterung oder Leidenschaft.

Nur für Ergebnisse.

17. Januar

Wenn Sie nicht bereit sind,
Ihren Worten auch Taten folgen zu lassen,
sind Sie von dem, was Sie tun,
nicht wirklich überzeugt.

18. Januar

Man kann einfach keine 110 Prozent geben.

Hundert Prozent sind alles, was da ist –

mehr als da ist, kann man nicht geben,

deshalb heißt es ja alles, was da ist!

19. Januar

Die meisten Menschen achten kaum auf das,
was Sie zu sagen haben.
Die meisten glauben nicht einmal an das,
was Sie zu sagen haben.
Diese Menschen achten jedoch darauf,
ob **Sie** an das glauben, was Sie zu sagen haben.

20. Januar

Bereit – willens – in der Lage.

Haben Sie von den dreien schon einmal gehört? Natürlich haben Sie das.

Wie viele Menschen sind bereit, erfolgreicher zu sein? Alle. Wie viele Menschen sind in der Lage, erfolgreicher zu sein? Alle. Wie viele Menschen sind willens, das zu tun, was auch immer notwendig ist, um erfolgreicher zu werden? Sehr wenige.

21. Januar

Manchmal verlieren Sie. Wenn das passiert, lassen Sie sich davon nicht zum Trottel machen. Aber **manchmal gewinnen Sie** auch. Wenn das passiert, lassen Sie sich davon nicht zum Trottel machen.

22. Januar

Die Menschen ändern dann etwas,
wenn sie etwas ändern wollen,
nicht dann, wenn **Sie** das wollen,
und gewöhnlich auch nicht dann,
wenn sie müssen.

23. Januar

Prüfen Sie Ihre Erwartungen

Dinge geschehen nicht einfach, weil Sie erwarten, dass sie geschehen; Sie müssen dafür sorgen, dass sie geschehen, indem Sie überprüfen, ob es vorangeht.

24. Januar

Sie brauchen immer einen Plan B,

außer wenn Sie keinen haben.

In diesem Fall müssen Sie dafür sorgen,

dass Ihr einziger Plan klappt.

25. Januar

Wenn Sie etwas vermasseln:

Geben Sie es zu, machen Sie es möglichst wieder gut, und dann machen Sie sich wieder an die Arbeit.

26. Januar

Es gibt medizinische Durchbrüche. Es gibt wissenschaftliche Durchbrüche. In der Persönlichkeitsentwicklung gibt es keine Durchbrüche.

Es gibt nichts vollkommen Neues.

Niemand erfindet vollkommen neue Schlüssel zum Erfolg. Das passiert einfach nicht. Die Menschen, die Ihnen etwas anderes erzählen, spekulieren auf Ihre Schwächen; sie wissen, dass Sie denken, da die alten Dinge bei Ihnen bisher nicht funktioniert haben, funktioniert vielleicht etwas Neues. Dann verpacken sie die alten Dinge um, bezeichnen sie als neu und verbessert und versuchen, sie Ihnen anzudrehen.

Kommen Sie auf die alten Dinge zurück, auf die Dinge, die schon immer funktioniert haben – Dinge wie Verantwortung übernehmen, integer sein, ehrlich sein und fleißig arbeiten. Diese Dinge werden Sie dahin bringen, wohin Sie kommen wollen.

27. Januar

Die beste Werbung der Welt ist ein zufriedener Kunde mit großem Mundwerk.
Die schlechteste Werbung der Welt ist ein unzufriedener Kunde mit einem großen Mundwerk.

28. Januar

Machen Sie sich nicht zu viele Gedanken darum,

die richtige Entscheidung zu treffen.

Treffen Sie einfach Ihre Entscheidung,

und tun Sie alles dafür, dass sie sich als die richtige erweist.

29. Januar

Wissen ist nicht Macht;
die Umsetzung von Wissen ist Macht.

30. Januar

Bezahlen Sie zuerst Ihre Steuern, dann sich selbst und dann alle anderen.

31. Januar

Trinken Sie in Maßen.

Es hat sich erwiesen, dass ein oder zwei Gläser Wein der Gesundheit zuträglich sind. Für diejenigen unter Ihnen, die vom Trinken überhaupt nichts halten – anstatt diejenigen unter uns zu verurteilen, die es tun, behalten Sie es lieber für sich und trinken Sie einfach nicht. Wenn Sie trinken, dann trinken Sie nicht, bis Sie betrunken sind. Sie halten sich dann vielleicht für lustig, aber wir anderen finden Sie nur nervig. Und je älter man wird, umso länger dauert es, bis man sich wieder erholt hat.

1. Februar

Es ist unmöglich, ohne **Leiden**
und ohne **Risiko** zu wachsen.

2. Februar

Kinder tun, was sie tun, weil ihre Eltern es ihnen erlauben. Kinder werden, was sie werden, weil ihnen ihre Eltern erlauben, dass sie dazu werden. So einfach ist das. Wenn Sie nun ein Elternteil sind, dessen Kinder ihr Leben in den Sand gesetzt haben, dürfte Ihnen diese Antwort nicht gefallen. Sie kommen mit einem Haufen Ausreden zu mir. Sie wollen über Filme und Musik oder über Sex und Gewalt im Fernsehen reden. Sie wollen dem Bildungssystem die Schuld geben. Glauben Sie mir; ich habe das alles schon gehört. Ich habe gesehen, wie Eltern das alles im Fernsehen erzählt haben. Das eine oder andere Mal habe ich so was sogar selbst gesagt. Aber regen Sie sich bitte nicht auf und begreifen Sie diese grundlegende Wahrheit:

Ihre Kinder sind das Produkt Ihrer Elternschaft.

Punkt. Packen Sie's an. Jetzt.

3. Februar

Wir sind so ziemlich zu allem bereit, um nicht akzeptieren zu müssen, dass wir die Ursache dafür ist, weshalb unser Leben so ist, wie es eben ist.

Wir schalten den Fernseher ein und lassen uns von den Berichten, die wir in den Nachrichten sehen, in die Opferrolle locken. Offenbar sind die Kreditkartengesellschaften, die Hypothekenfirmen, die Lebensmittelgeschäfte und die Einzelhändler die Gründe, aus denen wir pleite und erfolglos sind. Wir hören die Konkursanwälte im Radio sagen, sie könnten uns retten, weil unsere finanzielle Lage überhaupt nicht unser Fehler sei. Unsere Freunde sagen uns, dass die Welt kalt und grausam ist, und darum sei es kein Wunder, dass wir Probleme haben. Es ist ja so tröstlich, von allen Seiten zu hören, dass Ihr erbärmliches Leben nicht Ihr Fehler ist … und das ist verlockend.

Wir klammern uns an die Idee, vielleicht sei jemand anders schuld, dass wir unglücklich, erfolglos, krank und pleite sind. Bitte lass es jemand anderes Fehler sein! Bitte!

4. Februar

Öffentlich loben und privat kritisieren.

Das ist eine gute Regel für den Umgang mit Ihren Mitarbeiten, Ihren Freunden und Ihren Kindern.

5. Februar

Denken Sie nicht zu viel darüber nach, wie Sie Ihre Ziele erreichen. **Zu viel Analyse wirkt lähmend**. Zu viele Gedanken können Sorge hervorrufen, und Sorge nährt Angst und Zweifel. Sorgen Sie sich nicht zu sehr darum, wie Sie das alles schaffen sollen. Fangen Sie einfach an und lernen Sie, während Sie etwas tun. Handeln erzeugt Mut und Schwung hält Sie in Gang.

6. Februar

Alles hat seinen Preis.

Der Erfolg hat seinen Preis,
und das Scheitern auch.
Entscheiden Sie sich für das eine
oder für das andere, aber seien Sie
darauf gefasst, dass Sie den Preis
für Ihre Entscheidung bezahlen.

7. Februar

An manchen Tagen muss man sich mit den 90 Prozent eines Jobs abfinden, die man hasst, damit man die 10 Prozent bekommt, die man liebt.

8. Februar

Managen Sie Prioritäten,

nicht die Zeit.

9. Februar

So sollte das Credo jedes Unternehmens lauten:

Dies ist ein heiliger Ort, an dem wir nur Gutes über uns selbst sagen, nur Gutes über unser Unternehmen sagen, nur Gutes über unsere Konkurrenten sagen und an dem wir nur Gutes über unsere Kunden sagen.

10. Februar

Larrys ultimativer Schlüssel zum Erfolg:

Entdecken Sie Ihre Einmaligkeit und lernen Sie, diese im Dienste anderer Menschen zu nutzen – dann sind Ihnen Erfolg, Glück und Wohlstand sicher.

11. Februar

Konkurrenzkampf ist Schnee von gestern,
wenn Sie nicht mehr dran glauben.

12. Februar

Sie müssen Ihre Arbeit nicht lieben,
um erfolgreich zu sein – aber es hilft.
Sie müssen Ihre Arbeit nicht mit Leidenschaft tun,
um erfolgreich zu sein – aber es hilft.
Sie müssen von Ihrer Arbeit nicht begeistert sein
– aber es hilft.

Der eigentliche Schlüssel zum beruflichen Erfolg ist hervorragende, fleißige Arbeit.

13. Februar

Ergebnisse sind alles und
Ergebnisse lügen nie.

14. Februar

Der durchschnittliche 50-jährige US-Amerikaner hat
weniger als 2.500 Dollar gespart.

Nehmen wir an, Sie haben mit 25 angefangen zu arbeiten und jetzt sind Sie 50. In 25 Jahren haben Sie es bloß geschafft, 2.500 Dollar zu sparen?
Das Höchste, was Sie aufbringen konnten, waren 100 Dollar im Jahr?
Sie haben es bloß geschafft, 8,33 Dollar im Monat auf die Seite zu legen?
Viel mehr als 2 Dollar pro Woche konnten Sie nicht aufbringen?

Lieber Herr oder liebe Frau Durchschnittsamerikaner,
Sie sind ein Idiot!

15. Februar

Wenn Sie **erwarten**, dass die Arbeit schnell erledigt wird, und wenn Sie schnelle Erledigung der Arbeit **belohnen**, wird die Arbeit schnell erledigt.

16. Februar

Die Menschen lassen sich sehr gern etwas verkaufen, aber sie lassen sich **höchst ungern drängeln**. Verkaufen Sie höflich. Verkaufen Sie mit gesundem Menschenverstand. Verkaufen Sie taktvoll. Drängen Sie nicht. Nehmen Sie sich zurück, wenn Sie das Gefühl haben, es sei angebracht. Ihre Kunden müssen Ihnen so viel wert sein, dass Sie Ihren Kopf, Ihre Ohren, Ihr Hirn und Ihr Herz einsetzen, um ihnen einen guten Dienst zu erweisen.

17. Februar

Wenn Ihnen Ihr jetziges Leben nicht gefällt, gibt es nur einen Ort, an dem Sie Beschwerde einreichen können: den Spiegel.

18. Februar

Finden Sie heraus, was das Allerwichtigste an Ihrem Job ist, und sorgen Sie dann dafür, dass das jeden Tag erledigt wird.

Sorgen Sie dafür, dass diese eine Sache erledigt wird, selbst wenn an dem Tag sonst nichts geschafft wird.

19. Februar

Gerade habe ich eine Fernsehwerbung für ein populäres Schmerzmittel gesehen. Der Mann in dem Werbespot ist Möbelpacker und hat Probleme mit seinen Knien. Wenn Sie die Werbung zufällig auch sehen, werden Sie merken, dass der Möbelpacker um die 150 Kilo wiegt! Kein Wunder, dass ihm die Knie wehtun. Sie tragen zirka 75 Kilo mehr, als in ihrer Konstruktion vorgesehen sind. Der Mann „behebt“ sein Problem mit einem Schmerzmittel. In Wirklichkeit verschlimmert er sein Problem. **Dieser Schmerz ist ein Hinweis!** Der Hinweis sagt, dass der Mann abnehmen sollte! Stattdessen blendet er das Problem aus, damit er nichts davon merkt, während er dicker und dicker wird. Er wird taub für sein eigentliches Problem. He Dickmops, du willst, dass deine Knie weniger schmerzen? Höre auf den Schmerz und packe das **wahre** Problem an: dein Gewicht! Diese Herangehensweise ist typisch für das, was wir in allen

Bereichen des Lebens und des Berufs tun. Wir blenden unsere Probleme aus, damit wir sie nicht bemerken, und wir hoffen, sie würden verschwinden, wenn wir sie nicht mehr spüren.
Wir machen das mit unserem körperlichen Ich: Betäube den Schmerz, dann brauchst du nichts gegen seine eigentliche Ursache zu unternehmen.
Wir machen das auch mit unseren Finanzen: Die Menschen kaufen ein, denn dann fühlen sich sich mit der Tatsache wohler, dass sie überhaupt kein Geld haben; Kaufen betäubt den Schmerz. Aber eigentlich verursacht Kaufen den Schmerz!
Wir machen das im Beruf, in unseren Beziehungen und in allen anderen Lebensbereichen. Wir bringen Geld, Zeit und Energie auf, um das Symptom zu beheben, anstatt das eigentliche Problem anzugehen. Fast immer findet man das eigentliche Problem, wenn man sich aus dem Spiegel heraus anschaut. Das Problem sind Sie. Wie Sie leben, was Sie sagen oder nicht sagen, was Sie tun oder nicht tun, wen Sie einstellen und wen Sie nicht entlassen, was Sie essen oder nicht essen, was Sie ausgeben und wie Sie es ausgeben: Das sind Ihre eigentlichen Probleme.

Sie wollen ein besseres Leben? Packen Sie die Ursache Ihres Problems beim Schopf. Blenden Sie das Problem nicht aus. Dämpfen Sie den Schmerz nicht. Spüren Sie vielmehr den Schmerz und fragen Sie sich, was ihn wirklich verursacht. Und dann machen Sie sich über die Ursache her!

20. Februar

Wenn Sie einen Teil von dem, was Sie verdient haben, **gern mit anderen teilen**, kommt es auf magische Weise wieder zu Ihnen zurück. Ich weiß nicht, warum das funktioniert, aber dass es funktioniert, weiß ich.

21. Februar

Das Leben besteht nicht aus Besitzenden und Habenichtsen,
sondern aus **Willigen und Unwilligen**.

22. Februar

Es hat noch nie jemand einen Plan aufgeschrieben,

wie man erfolglos wird.

Misserfolg ist das, was passiert,
wenn man keinen Plan hat.

23. Februar

Die Welt, in der wir leben, ist schwarzweiß. Hören Sie auf, daran zu glauben, das Leben sei nicht schwarz oder weiß. Die Dinge sind entweder richtig oder falsch, gut oder schlecht, schwarz oder weiß. Hören Sie auf, Ihr dummes Verhalten dadurch rational zu begründen, dass Sie es in eine Grauzone rücken. Wenn Menschen mit einer Frage konfrontiert werden, die sie nicht beantworten wollen, sagen sie immer: „Das ist eine Grauzone." **Es gibt keine Grauzone.** Wenn Sie anfangen, in absoluten Begriffen zu denken, werden Sie merken, dass Ihr Leben viel leichter wird. Auch Entscheidungen fällen sich leichter, wenn man in absoluten Begriffen denkt. Dann ziehen auch Ihre Ausreden nicht mehr, und Sie werden viel schneller erfolgreich sein.

24. Februar

Erwarten Sie keinen Respekt,
wenn Sie keinen Respekt zeigen.

25. Februar

Was einem auf dem Magen liegt, ist schlecht angelegt.

Dieser Spruch ist kein Larry-Original, aber er gehört zu meinen Lieblingssprüchen. Begreifen Sie, was in Gelddingen wichtig ist und was zählt. Wenn Ihr Geld weniger wert wird, ist es schlecht angelegt.

26. Februar

Tun Sie, was Sie angekündigt haben, und zwar dann und so, wie Sie es angekündigt haben. Mehr verlangt niemand von Ihnen. Das ist alles, was Kunden von den Menschen und Unternehmen wollen, mit denen sie Geschäfte machen. Das ist alles, was Mitarbeiter von ihrem Arbeitgeber wollen. Das ist alles, was Sie von Ihren Kindern, von Ihrem Ehepartner oder von Ihrem Lebensgefährten/Ihrer Lebensgefährtin wollen. Und das ist alles, was sie von Ihnen wollen.

27. Februar

Geben Sie nicht an. Das nervt und bringt andere gegen Sie auf.

28. Februar

Jammern und heulen Sie nicht.

Zunächst einmal schert sich niemand um Ihr Gejammer, denn die anderen haben ihre eigenen Probleme. Zweitens sehen Sie dann wie ein Opfer aus, und wenn Sie sich selbst zum Opfer machen, verlieren Sie Ihre Kraft. Drittens kann niemand Jammerlappen leiden.

(Wenn Sie am 29. Februar Geburtstag haben, ist das schon ärgerlich – Sie haben nur alle vier Jahre richtig Geburtstag.)

1. März

Dulden Sie keine Beschimpfungen,
Respektlosigkeiten, mangelnde Ethik oder Integrität seitens Ihres Arbeitgebers. Das Leben ist kurz und es gibt noch andere Jobs.

2. März

Geld ist Freiheit –
die Freiheit, zu tun, was Sie wollen,
wann Sie wollen, wie Sie wollen
und mit wem Sie wollen. Das ist alles.
Aber reicht das nicht auch?

3. März

Sie werden sich erst ändern,
wenn Sie sich mit Ihrem Ort oder
Ihrem Zustand **unwohl fühlen.**

4. März

Ihr Leben ist exakt so, wie Sie es wollen.
Wenn Sie es anders haben wollten, wäre es auch anders. So einfach ist das. Anstatt sich über Ihr Leben zu beklagen, sollten Sie also lieber etwas unternehmen.

5. März

Erweisen Sie Ihrem Kunden einen guten Dienst,
egal ob Sie Ihren Kunden als Klienten, Kollegen, Patienten oder Chef bezeichnen. Die Belohnungen in Ihrem Leben stehen in direktem Verhältnis zu den Diensten, die Sie erweisen.

6. März

Stress entsteht, wenn man weiß,
was richtig ist, aber das Falsche tut.

7. März

Ein Deal ist ein Deal.

Wenn Ihnen der Deal, den Sie geschlossen haben, nicht gefällt, ist das hart. Sie haben den Deal gemacht. Ist mir egal, ob er Sie Geld kostet, ob er Sie in Verlegenheit bringt, ob Sie nur schwer damit leben können oder ob er unbequem ist. Sie haben den Deal gemacht. Punkt.

8. März

Kinder bessern sich, wenn sich ihre Eltern bessern. Ehefrauen bessern sich, wenn sich ihre Männer bessern. Ehemänner bessern sich, wenn sich ihre Frauen bessern. Der Umsatz bessert sich, wenn sich die Verkäufer bessern. Der Kundendienst bessert sich, wenn sich die Menschen bessern, die den Kundendienst liefern.

Genau auf diese Art funktioniert jeder einzelne Punkt im Privat- und Berufsleben. **Alles im Leben bessert sich,** wenn Sie sich bessern, und nichts im Leben bessert sich, wenn Sie sich nicht bessern. Wenn Sie also wollen, dass sich Ihr Leben bessert, dann bessern Sie sich!

9. März

Die meisten Menschen können anscheinend den Zusammenhang zwischen ihrem Verhalten und ihren Ergebnissen nicht erkennen. Sie reden vielmehr von Pech, oder sie wollen der Gesellschaft die Schuld in die Schuhe schieben.

Wir alle tragen die Konsequenzen unserer Entscheidungen. Diese Konsequenzen mögen schmerzhaft sein, aber sie sind Lektionen. Lernen Sie diese Lektionen, dann können Sie alles haben, wofür Sie bereit sind zu arbeiten. Ignorieren Sie diese Lektionen, dann sind Sie dazu verdammt, sie zu wiederholen und die Konsequenzen zu tragen, bis Sie sie gelernt haben.

10. März

Sie können nicht hingehen und mehr Geld machen. Das ist unmöglich. Sie sind nicht das Münzamt. Sie können keins drucken, wenn es knapp wird. Sie müssen hingehen und mehr Geld verdienen. **Sie müssen dafür arbeiten.**

11. März

Es gibt nur zwei Dinge, die Sie nie verlassen. Das eine ist Ihr **Ruf** und das andere ist Ihre **Kreditwürdigkeit**. Sie können beides im Nu ruinieren und ein Leben lang mit ihrer Reparatur verbringen.

12. März

Der heilige Grundsatz:

Wenn Sie in einem Loch sitzen: Hören Sie auf zu graben. Doch bedenken Sie: Sie halten die Schaufel in der Hand. Niemand hat Sie in das Loch gesteckt. Das haben Sie selbst gemacht. Sie haben sich Ihr eigenes Finanzloch gegraben. Sie haben das Loch gegraben, das Ihre Ehe darstellt. Ihre Hände hielten die Schaufel, als Sie den Krater schaufelten, den Sie als Ihre Karriere bezeichnen. Hören Sie auf, anderen Menschen die Schuld an dem Loch zuzuschieben, in dem Sie stecken, und dann hören Sie auf zu graben. Fangen Sie an, das Loch aufzufüllen, bis Sie wieder auf ebener Erde stehen.

13. März

Dafür, dass Menschen entlassen oder degradiert werden, dass sie bei Beförderungen und Gehaltserhöhungen übergangen werden oder dass ihnen Privilegien verweigert werden, ist ein Grund häufiger verantwortlich als alle anderen: Sie brachten nicht die Leistung, für die sie etwas anderes verdient hätten.

14. März

Arbeiten Sie fleißig in Ihrem Job und
noch fleißiger an sich selbst.

15. März

Freundschaft unter Kollegen ist ein zusätzlicher Pluspunkt. Sie ist nicht erforderlich und sollte weder erzwungen noch erwartet werden.

16. März

Vergessen Sie nicht, dass Sie für jemanden arbeiten.

Die Person, für die Sie arbeiten, hat das Recht, Ihnen zu sagen, was Sie tun sollen, wann Sie es tun sollen und wie Sie es tun sollen, denn diese Person bezahlt Ihr Gehalt. Wenn Ihnen das nicht gefällt oder wenn Sie es nicht akzeptieren wollen, suchen Sie sich einen anderen Job. Suchen Sie sich einen Job, bei dem Sie für jemanden arbeiten, dem es egal ist, was Sie tun, wann Sie es tun und wie Sie es tun. Sie wissen schon, für jemanden wie Sie.

17. März

Verwenden Sie nicht zu viel Zeit und Energie darauf, Leute dazu zu bringen, dass sie Sie mögen. Arbeiten Sie lieber hart daran, dass Sie zu der Art Mensch werden, die andere Menschen respektieren. **Respekt bringt Sie viel weiter.**

18. März

Wenn etwas kaputt ist, **reparieren Sie es schnell,** bevor das Problem wächst und sich ausbreitet.

19. März

Die meisten Menschen sind fürchterliche Zuhörer.
Zuhören ist für sie der kurze Zeitraum, in dem sie warten, dass der andere den Mund hält, damit sie wieder sprechen können. Einer anderen Person wirklich zuhören ist eine der höchsten Formen von Respekt, die Sie ihr erweisen können.

20. März

Entlassen ist nichts, was Sie **jemandem antun.**
Das ist etwas, das Sie **für jemanden tun.**

21. März

Lieber gibt man Geld für einen **guten Anwalt** aus als für einen schlechten Mitarbeiter.

22. März

Es gibt nur zwei Möglichkeiten, abzunehmen. Weniger essen und sich mehr bewegen. Machen Sie das nicht komplizierter, als es ist. Wenn Sie dick werden, heben Sie Ihren fetten faulen Hintern und bewegen Sie sich, und versuchen Sie nebenbei, ein bisschen weniger zu essen. **Sie werden über das Ergebnis staunen.**

23. März

Wollen Sie wissen,
wie man aufhört zu rauchen?
Stecken Sie sich keine Zigaretten
mehr in den Mund.

24. März

Wir alle machen das, was wir machen, nur aus einem einzigen ganz bestimmten Grund, und zwar um anderen gute Dienste zu leisten. Machen Sie sich das klar:

Je besser wir andere bedienen, umso besser werden wir bedient.

25. März

Sie können sich **niemals** dadurch aufbauen, dass Sie andere niedermachen.

26. März

Werden Sie der Mitarbeiter, ohne den Ihr Unternehmen nicht leben kann.
Werden Sie die Person, ohne die Ihre Kunden nicht leben können.
Werden Sie die Person, auf die sich Ihr Unternehmen, Ihr Chef, Ihre Kollegen und Ihre Kunden verlassen können, die sie brauchen und die sie um sich haben wollen.

So sichern Sie sich ganz klar Ihren Job.

27. März

Nehmen Sie mal kurz an, ich wäre Ihr Chef.

Ich habe folgende Einstellung: **Machen Sie einfach Ihren verdammten Job.** Beschweren Sie sich nicht darüber. Wenn Sie dazu nicht bereit sind, dann seien Sie auch nicht überrascht, wenn ich Sie als Faulpelz entlasse und Ihnen sage, Sie sollen Ihren Hintern aus meiner Firma bewegen. Denken Sie daran, ich bin der Chef. Ich mache die Regeln. Ich werde für Sie zur Rechenschaft gezogen. Ich bin für Sie verantwortlich. Ihre Ergebnisse sind auch meine Ergebnisse und ich habe keine Lust, die Schuld dafür auf mich zu nehmen, dass Sie Ihren Job nicht machen. Verstanden? Das kommt mir vollkommen gerecht vor. Wenn Sie damit ein Problem haben, weiß ich ganz genau, welche Sorte Mitarbeiter Sie sind.

28. März

Konstruktive Kritik ist ein dämlicher Begriff.

Konstruieren heißt etwas aufbauen. Kritisieren ist abreißen. Suchen Sie sich eins davon aus. Beides gleichzeitig machen geht nicht.

29. März

Wenn Sie wegen Ihres
Problems rumheulen,
verlängern Sie das Problem bloß.

30. März

Ich bin dazu erzogen worden, Menschen die Tür aufzuhalten. Ich halte Frauen die Tür auf, allen, die keine Hand frei haben, und allen, die älter sind als ich. Fast niemand sagt: „Danke." Sie gehen an mir vorbei, als wäre ich der Türsteher. Natürlich sage ich immer ganz höflich „Bitte sehr!", um sie daran zu erinnern, dass ich zu ihnen höflich war und dass sie mir dafür Dank schulden.
Nun möchte ich klarstellen, das ich anderen Menschen nicht deshalb die Tür aufhalte, weil ich hören will, dass sie „Danke" sagen. **Ich tue das, weil sich das so gehört.** Ich tue es, weil ich so erzogen wurde. Ich höre nicht auf, höflich zu sein, nur weil andere nicht höflich sind. Ich tue es, weil ich hoffe, dass die Welt aufwacht und dankbar ist, wenn jemand eine übliche Höflichkeit erweist – die inzwischen alles andere als üblich ist.

31. März

Besser geht es einem dann, wenn man beschließt, dass es einem besser gehen soll, und wenn man diesen Beschluss in die Tat umsetzt. **Tun Sie was!**

1. April

Ihre Kinder wissen über Geld nur das, was Sie ihnen beibringen. Sie geben ihnen ein Beispiel. Erwarten Sie nicht, dass Ihre Kinder lernen, ihr Geld klug auszugeben, wenn sie zusehen, wie Sie Ihr Geld für Blödsinn verschwenden. **Wie Sie auch entscheiden, Ihre Kinder tun es Ihnen nach.**

2. April

Hören Sie auf, rückwärts zu leben,
und fangen Sie an, vorwärts zu leben.
Denken Sie von Anfang an
ans Ende.

3. April

Die drei wichtigsten Gründe,
aus denen Menschen nicht erfolgreich sind:

1. Sie sind dumm.
2. Sie sind faul.
3. Es ist ihnen schnurz.

4. April

Wenn in Ihrem Leben nicht viel schiefläuft, dann läuft auch sonst nicht viel in Ihrem Leben.

5. April

Es geht nicht darum, wie viele Stunden Sie in die Arbeit stecken, sondern **wie viel Arbeit Sie in die Stunden stecken.**

6. April

Seien Sie pünktlich.

Für Verspätung gibt es nie eine Entschuldigung.

7. April

Worüber Sie nachdenken, worüber sie sprechen, wofür Sie Ihren Hintern hochkriegen und etwas unternehmen, das **kommt rüber.**

8. April

„Sie können sein, was Sie wollen, tun, was Sie wollen und haben, was Sie wollen.“

Das ist gelogen.

Wenn Sie klein, dick und hässlich sind, wird es mit Ihrer Karriere als Supermodel wohl nichts werden.

Sie können tun, wofür Sie eine angeborene Begabung haben – je nachdem, wie viel Zeit und wie viel Mühe Sie dafür aufwenden wollen, Ihr Potenzial auszuschöpfen. Sie können zwar immer mehr tun, als Sie glauben, aber alles, was Sie wollen, können Sie nicht tun.

Und auf jeden Fall können Sie nicht alles haben, was Sie wollen. Sie können diejenigen Dinge haben, von denen Sie glauben, Sie hätten Sie verdient, wenn Sie aktiv werden, um sie zu bekommen, und wenn Sie dabei Ihre Fähigkeiten, Ihre Gedanken und Ihre Worte einsetzen.

9. April

Um Ihr Leben zum Positiven zu verändern,
müssen Sie Ihr Leben zuerst ein bisschen negativ sehen.

10. April

Die Menschen sind dumm.

Sie glauben mir nicht? Überlegen Sie mal: Menschen rauchen, obwohl sie wissen, dass das ihr Leben verkürzt. Die Menschen betrinken sich und fahren dann Auto. Die Menschen essen Dinge, von denen sie wissen, dass sie ihnen nicht guttun. Die Menschen planen ihre Zukunft nicht, sie vergessen den jährlichen medizinischen Checkup, sie erwarten, dass die Schulen ihre Kinder disziplinieren, sie geben ihre gesamten Ersparnisse aus und sie zerstören die Umwelt.

Wie gesagt, die Menschen sind dumm.

11. April 

Sehen Sie sich die Zahlen an, sehen Sie sich die Fakten an, hören Sie den Experten zu, und dann **vertrauen Sie auf Ihr Bauchgefühl.**

12. April

Sie können Ihr Leben lang einen Kreis bilden, einander herzen, bei den Händen fassen und „Kumbaya“ singen, aber **solange Sie nicht Verantwortung übernehmen** für die Fehler, die Sie gemacht haben, solange Sie sich nicht aufraffen und Ihr Leben in Ordnung bringen, so lange bleiben Sie unglücklich.

13. April

Finden Sie eine Religion, die nur verlangt, dass Sie **Ihren Nächsten lieben.** Finden Sie eine, die Sie dazu bringt, andere Menschen nicht mehr zu verurteilen, und die Sie lehrt, anderen zu helfen.

14. April

Wenn Sie mit klugen Menschen zu tun haben, könnte das auf Sie abfärben. Wenn Sie mit dummen Menschen zu tun haben, garantiere ich Ihnen, dass es auf Sie abfärben wird. **Dummheit ist ansteckend!**

15. April

Es ist besser, von dem Geld, das man hat, Steuern zu bezahlen,
als keine Steuern von dem Geld zu bezahlen, das man nicht hat.

16. April

Eine gute Scheidung

ist besser als eine schlechte Ehe.

17. April

Man liebt Menschen nicht, weil sie so sind, wie sie sind,

sondern, obwohl sie so sind.

Ich bin seit über 25 Jahren verheiratet, und sowohl meine Frau als auch ich finden diese Aussage absolut vernünftig. Ich habe auch zwei Jungs aufgezogen, die jetzt erwachsene Männer sind. Dass ich sie so weit gebracht habe, lässt mich die Aussage noch besser verstehen.

18. April

Kinder sind enorme Nervensägen.
Sie sind schmutzig, unordentlich, unbequem und teuer. Trotzdem sind sie das Coolste, was Ihnen passieren kann. Kümmern Sie sich anständig um Sie – Sie werden Sie brauchen, wenn Sie alt werden!

19. April

Sie wollen Ihre Kinder über Sex aufklären? Glauben Sie mir, den technischen Teil lernen Sie lange, bevor Sie dazu kommen, mit ihnen darüber zu reden. Auf folgende Dinge sollten Sie das Gewicht legen: **Respekt, Verantwortung, Sicherheit.** Den Rest bekommen sie auch ohne Sie heraus. Bei diesen drei Dingen brauchen sie Ihre Hilfe.

20. April

Eine sichere Methode,
Kritik zu vermeiden:

Sagen Sie nichts. Tun Sie nichts.
Seien Sie ein Nichts.

21. April

Mit einem **schlechten Menschen** kann man kein gutes Geschäft machen. **Aus Schlechtem kann nicht viel Gutes entstehen.**

22. April

Wenn **die wichtigste Sache** erledigt wird, egal was es ist, dann ist alles andere nicht besonders wichtig.

23. April

Schuldgefühle bringen nichts. Was vorbei, ist vorbei! Weg. Futsch. Keine Wiederholung. Wenn Sie etwas geradebiegen müssen, tun Sie es. Wenn Sie Mist gebaut haben, entschuldigen Sie sich. Wenn Ihnen der Fehler verziehen wird, bedanken Sie sich und machen Sie weiter. Wenn Ihnen nicht verziehen wird, machen Sie trotzdem weiter. Verzeihen Sie sich selbst, lernen Sie aus der Erfahrung und handeln Sie das nächste Mal anders. Hier und jetzt ist es vorbei. **Belasten Sie sich nicht mit Schuldgefühlen.**

24. April

„So ist das eben.“ Das sagen die Menschen, wenn sie eine Ausrede dafür brauchen, wie die Dinge sind. **Das ist absoluter Müll.** Wie wäre es denn, wenn Sie besser sagen: „So ist das eben, weil ich es zulasse“. Oder: „So ist das eben, weil ich bereit bin, es so zu akzeptieren.“ Oder: „So ist das eben, weil ich nicht mehr erwarte.“ Oder: „So ist das eben, weil ich einfach zu dumm und zu faul bin, um etwas daran zu ändern.“ Ich habe mich nie in die „So ist das eben“-Mentalität hineinziehen lassen. Mein Leben gründet sich vielmehr auf: „Es ist so, wie ich es mache!“ Das Gleiche gilt für „Qué Será, Será“, das dämliche Lied, das in meiner Jugend so populär war und in dem es heißt: „Es kommt, wie es kommt/Die Zukunft, die sehn wir nicht/Qué será, será.“ Sie sehen aber die Zukunft. Und Sie müssen sie erschaffen. Sie müssen bloß bereit dazu sein.

25. April

Wenn einem jemand sagt,
„Ich will ehrlich zu dir sein“ ,
dann heißt das, dass er es früher
nicht war.

26. April

Sagen Sie nie so etwas Dummes wie: „Schlimmer kann es ja nicht mehr kommen!“ Das ist nämlich etwas, das Sie wohl nicht herausfordern wollen. Wenn es etwas gibt, was ich gelernt habe, dann: **Es kann immer noch schlimmer kommen!**

27. April

Je weniger die Menschen zu sagen haben,
umso größer ist ihr Drang, es zu sagen.

28. April

Haben Sie die Motivations-Idioten sagen hören: „Sie können das Unmögliche tun"? Nein, das können Sie nicht. Es steckt schon in der Definition des Wortes „unmöglich", dass es nicht getan werden kann! Wenn es doch getan werden kann, dann war es überhaupt nicht unmöglich. Vielleicht war es schwer, aber es war nicht unmöglich.

29. April

Packen Sie's an – feilen können Sie später immer noch.

30. April

Sie brauchen nicht gut zu sein, um anzufangen.

Aber damit Sie gut sein können,
müssen Sie anfangen.

1. Mai

Die Menschheit ist die einzige Spezies auf der Erde, die sich bewusst dafür entscheidet, weniger aus sich zu machen, als ihr Potenzial erlaubt. Kein anderes Lebewesen in der Natur entscheidet sich, weniger zu sein, als es sein kann. Das tun nur Menschen. Haben Sie je einen Baum gesehen, der bis zu einer Höhe von einsachtzig wächst und sich dann sagt: „Ja, genau so reicht's mir", und der dann aufhört zu wachsen? Nein, ein Baum wächst so hoch, wie er kann. Er treibt so viele Blätter, wie er kann. So viele Wurzeln in die Erde. Er trägt so viele Früchte, wie er nur kann. Bäume wachsen und tragen weiter Früchte – ihr Leben lang.

Alle Pflanzen wachsen so weit, wie sie können. Das gilt für alle Lebewesen auf der Erde – außer für Menschen. Ratten, Pferde, Schweine und Hunde wachsen, so weit sie können. Fische, Würmer, Amöben, alle machen das so. Jede lebendige Art wächst, entwickelt sich und produziert so weit und so viel wie möglich – jede, bis auf den Menschen. Die Menschen sind die einzigen Lebewesen im Universum, die sich entscheiden, weniger zu sein, als sie sein könnten. Sie erreichen in ihrem Leben einen Punkt, an dem sie stehenbleiben. Sie entscheiden sich dafür, nichts mehr zu lernen, nicht mehr zu wachsen und sich nicht mehr zu entwickeln. Sie entscheiden sich dafür, nichts mehr zu verdienen, nichts mehr zu produzieren und nichts mehr beizutragen. Die Menschen hören auf zu wachsen, weil sie sich dafür entscheiden, und nicht, weil sie das tun müssten oder sollten.

2. Mai

Lieber **weniger versprechen und mehr leisten**, als zu viel versprechen und weniger zu leisten.

3. Mai

Konzentrieren Sie sich nicht mehr auf das, von dem Sie nicht wollen, dass es passiert. Was für eine völlige Verschwendung von Zeit und Energie! Konzentrieren Sie sich stattdessen in allen Bereichen Ihres Lebens auf **die Ergebnisse, die Sie gern hätten;** und dann arbeiten Sie daran, dass diese Dinge passieren.

4. Mai

Das Geld kommt genauso zu Ihnen, wie es von Ihnen geht.

Wenn Sie es nur widerwillig gehen lassen, kommt es genauso widerwillig zu Ihnen.

5. Mai

Es ist egal, wo im Leben Sie anfangen;
wichtig ist nur, wo Sie enden.

6. Mai

Führen Sie gute, gesunde Streitgespräche.

Streitgespräche sind etwas Gutes. Wenn zwei Menschen immer der gleichen Meinung sind, wird einer von ihnen nicht mehr gebraucht.

7. Mai

Wenn die Zimmer Ihrer Kinder im Chaos versinken, machen Sie die Tür zu. Ersparen Sie sich die Frustration, ihnen ein weiteres Mal zu sagen, sie sollen ihre Zimmer aufräumen. Wenn es ihnen wichtig genug ist, werden sie es schon machen. In der Zwischenzeit **machen Sie die Tür zu.**

8. Mai

Bleiben Sie dran. **Geben Sie nicht auf.** Aber machen Sie sich auch nicht zum Deppen. Irgendwann kommt die Zeit, wo man es sein lassen und loslassen muss. Wie sagt das Indianersprichwort: „Wenn du merkst, dass du auf einem toten Pferd sitzt, steig ab."

9. Mai

„Die Dinge kosten zu viel!“

Nein, tun sie nicht. Tatsache ist, dass Sie einfach nicht genug Geld haben. **Werfen Sie den Dingen nicht vor, sie würden zu viel kosten.** Es kostet, was es kostet. Wenn Sie nicht genug Geld haben, ist das Ihr Fehler.

10. Mai

Wenn Ihnen jemand sagt, „Ich meine es nur gut mit Ihnen", dann müssen Sie wissen, dass er es nicht gut mit Ihnen, sondern mit sich selbst meint. Lassen Sie sich nicht so kontrollieren. Das ist Manipulation.

11. Mai

Ist das Glas halb voll oder halb leer?
Wen kümmert das?
Die eigentliche Frage lautet doch: Stillt das, was in dem Glas ist, Ihren Durst? Anders gefragt: Bringt Ihnen diese Einstellung etwas? Manchmal ist die alte positive Einstellung gut, und manchmal müssen Sie negativ denken, damit sich etwas ändert.
Nehmen Sie das, was funktioniert.

12. Mai

Ich benutze viele Kraftausdrücke. Hier ist einer, der in fast allen Situationen am besten funktioniert: **„weiter“**. Wenn mir jemand auf die Nerven geht, versuche ich zu sagen **„weiter“**. Wenn etwas Schlimmes passiert und es läuft nicht so, wie ich will, versuche ich einfach zu sagen **„weiter“**. Ich bin darin nicht so gut, wie ich es gern wäre, aber das ist besser als die meisten anderen Kraftausdrücke, die ich benutze und die mir überhaupt nichts bringen.

13. Mai

Den besten Ehe-Ratschlag, den ich je gehört habe, bekam ich von einem Ehepaar, das seit 67 Jahren verheiratet war. Sie sagten mir:

„Lass den anderen sein, wie er ist, und komm damit zurecht."

14. Mai

Erfolg kommt von dem, was Sie **tun**,
und nicht von dem, was Sie **sagen**,
Sie wollten es tun.

15. Mai

Schlimme Dinge passieren jedem. Sie haben das Pech nicht gepachtet. Nebenbei gesagt kommt es nicht auf das an, was Ihnen passiert. Es kommt auf das an, wie Sie mit dem umgehen, was Ihnen passiert.

16. Mai

Ihr Einkommen entspricht im Durchschnitt dem Ihrer fünf engsten Freunde. Sie haben nicht genug Geld? **Beschaffen Sie sich ein paar reichere Freunde.** Das ist kein Witz. Schaffen Sie sie ab und beschaffen Sie sich Freunde mit Geld.

17. Mai

Es ist selten persönlich gemeint.

18. Mai

Was verlangen Sie vom Leben? Haben Sie das schriftlich? Haben Sie einen Plan? Lernen Sie das, was Sie brauchen, um es zu erreichen? Tun Sie jeden Tag etwas, das Sie dem näher bringt? Oder wollen Sie es bloß? Wenn Wollen alles ist, was Sie haben, dann bekommen Sie nur noch mehr Wollen. **Sie müssen über das Wollen hinausgehen und einen Plan aufstellen,** damit Sie wirklich bekommen, was Sie wollen.

19. Mai

Mein Haus – meine Regeln. Diese elterliche Botschaft ist irgendwann aus der Mode gekommen. Das hätte nicht passieren sollen. Wenn ich meine Kinder ernähre und kleide, und wenn sie minderjährig sind und in meinem Haus wohnen, dann müssen sie sich an die Regeln halten, die ich aufstelle. Diese Regeln sind zum Schutz meiner Kinder da. Ich habe sie aus Liebe zu meinen Kindern aufgestellt.

Wenn sie volljährig sind, sich selbst ernähren und kleiden und sich von ihrem eigenen Verdienst ein Dach über dem Kopf verschaffen können, dann können sie ihre eigenen Regeln aufstellen.

Was ist falsch an dieser Elternregel? Sie ist fair: Sie ist absolut sinnvoll, und sie beruht auf Liebe und Fürsorge.

20. Mai

Im Geschäftsleben **decken gute Ergebnisse eine Menge Sünden.**

21. Mai

Wenn Sie sich fragen müssen, ob etwas richtig oder falsch ist, dann ist es falsch. Schon dass Sie die Frage stellen müssen, gibt Ihnen die Antwort. Wenn etwas richtig ist, wissen Sie es, ohne dass Sie zu fragen brauchen. **Vertrauen Sie einfach auf Ihren Bauch.**

22. Mai

Sie hatten heute auf der Arbeit einen schlechten Tag? Wie traurig. Warum sollte das Unternehmen darunter leiden, dass Sie heute nicht glücklich sind? Warum sollte es irgendjemanden kümmern, dass Sie einen schlechten Tag hatten? Die Kunden müssen trotzdem bedient werden. Es müssen trotzdem Kartons versandt werden. Der Kopierer muss trotzdem repariert werden. Anrufe müssen entgegengenommen werden. Wenn Sie für solche Dinge bezahlt werden, **müssen Sie sie erledigen,** egal ob Sie einen schlechten Tag haben oder nicht.

23. Mai

Die Geschäfte gehen nie wirklich schlecht. Es ist nur so, dass Menschen schlecht im Geschäft sind.

24. Mai

Erfolg ist nie leicht. Wenn dem so wäre, gäbe es auf der Welt viel mehr erfolgreiche Menschen. Erfolg beruht darauf, dass man hart arbeitet, dass man konzentriert bleibt, dass man nach Außergewöhnlichem strebt, dass man beständig Hervorragendes abliefert. Erfolg beruht auf Disziplin und auf vielen anderen Dingen. Das sind keine komplizierten Konzepte; das sind einfache Ideen, die harte Arbeit verlangen.

25. Mai

Machen Sie sich eins klar:
Es gibt einfach keine Ausrede dafür, wenn es nicht gut läuft.

26. Mai

Wenn Sie ein Versprechen geben, halten Sie es. Wenn Sie Ihr Wort geben, machen Sie keinen Rückzieher. Wenn Sie sagen, dass Sie da sein werden, seien Sie da – und seien Sie zu der Zeit da, die Sie gesagt haben. **Wenn Sie etwas vermasseln, geben Sie es zu und nehmen Sie die Konsequenzen auf sich.** Wenn Ihnen jemand Geld für ein Produkt oder eine Dienstleistung gibt, die Sie liefern, seien Sie dieser Person wenigstens ein bisschen dankbar und seien Sie ein bisschen freundlich zu ihr.

27. Mai

Wir arbeiten zusammen.

Wir gehören nicht der gleichen Familie an.

Wir sind nicht miteinander verwandt.

Ich muss Sie nicht mögen. Ich muss keine Zeit mit Ihnen verbringen. **Ich muss nur mit Ihnen arbeiten.**

Das ist alles, was ich mit Ihnen tun muss – alles andere ist eine Frage der Wahl.

28. Mai

Meine Damen, **Männer sind Idioten, was den Umgang mit Frauen angeht.** Ihr verwirrt uns, bringt uns durcheinander und schüchtert uns ein. Wenn wir bei euch sind, arbeiten unser Mund und unser Gehirn nicht synchron. Wir sagen dann Sachen, die uns vollkommen harmlos und passend vorkommen. Wenn euch das nicht gefällt, lasst es uns bitte wissen. Weist uns zurecht. Wahrscheinlich sind wir dann erstaunt, weil wir in solchen Angelegenheiten so unwissend sind. Deshalb sagt es uns, wartet unsere demütige Entschuldigung ab und vergebt uns. Bitte.

29. Mai

Ein unaufgeräumter Arbeitsplatz bedeutet unorganisierte Arbeitsgewohnheiten. Eine schlampige Arbeitsumgebung kommt schlampigen Ergebnissen gleich. Sagen Sie nicht: **„So kann ich am besten arbeiten!“** Niemand arbeitet von Chaos umgeben besser. **Räumen Sie auf** und organisieren Sie sich, damit Sie sich konzentrieren können.

30. Mai

T-N-T.

„Today, Not Tomorrow“ – heute, nicht morgen. Dies sollte das Motto jedes Angestellten, jedes Managers, jeder Führungskraft und jedes Unternehmens sein. Wenn die Idee gut ist, machen Sie es heute und nicht morgen. Gute Ideen werden selten mit der Zeit besser.

31. Mai

Für das, was Ihnen wichtig ist, haben Sie immer genug Zeit.

Wenn Sie in Ihrem Leben nicht das Richtige tun, dann liegt das daran, dass es Ihnen nicht wichtig genug ist. Sie können einsetzen, was auf Sie zutrifft: Lesen ist Ihnen nicht wichtig. Ihre persönliche Entwicklung ist Ihnen nicht wichtig. Sparen ist Ihnen nicht wichtig. Bewegung ist Ihnen nicht wichtig. Sie müssen einfach nur wissen: Wenn Sie etwas nicht tun – egal was es ist –, dann liegt das daran, dass es Ihnen nicht wichtig ist.

1. Juni

Übung macht keinen Meister

„Übung macht den Meister" ist Blödsinn. Wenn man das Falsche übt, wird man nicht besser; man lernt nur, das Falsche äußerst gut zu machen.

Übung macht hartnäckig, nicht meisterhaft.

2. Juni

Haben Sie jemals jemanden sagen hören: „Man weiß ja nie …“ Wie kann man denn nie wissen? Wissen Sie nicht wenigstens manchmal etwas?

3. Juni

Gerede, Gerede, Blabla. Mir geht das dermaßen auf den Geist. Ich stimme dem Elvis-Song zu, in dem es heißt: „Bitte ein bisschen weniger Gespräch und ein bisschen mehr Action." Sagen Sie mir nicht, was Sie tun wollen, was Sie Ihrer Meinung nach tun sollten oder tun werden. Zeigen Sie mir einfach, was Sie tun. **Taten ändern etwas.** Worte nicht.

4. Juni

Es gibt keine Geheimnisse. Es gibt keine neuen Informationen. Die Dinge, die man heute wissen muss, um erfolgreich zu sein, sind die gleichen Dinge, die man seit jeher brauchte, um erfolgreich zu sein: Verantwortung, Ehrlichkeit, Integrität, ethisches Verhalten, Fairness, Fleiß, Wohltätigkeit, Dienstbarkeit. Das sind die Dinge, die sich niemals ändern; sie sind die Fundamente jedes Erfolgs.

5. Juni

Halten Sie mehrmals am Tag inne und fragen Sie sich: Ist das wirklich wichtig? Trägt das, was ich tue, zu meinem eigenen Wohlergehen oder zum Wohlergehen des Unternehmens bei, für das ich arbeite? Erledige ich wirklich etwas, oder schlage ich nur die Zeit tot? Ist das genau jetzt die beste Verwendung für meine Zeit?

6. Juni

Lassen Sie sich nie von dem ablenken, was getan werden müsste, von dem, was schön wäre, wenn es getan würde, oder von dem, was leicht zu tun ist. Konzentrieren Sie sich auf das, was getan werden muss – und sorgen Sie dafür, dass es getan wird!

7. Juni

Nehmen Sie Ihren **Job** ernst,
nicht sich selbst.

8. Juni

Wenn Sie nicht fünf großartige Bücher auf Ihrem Schreibtisch liegen haben, bleiben Sie nicht auf dem Laufenden. Wenn Sie nicht ein paar Wirtschaftsbücher, einen Roman, eine Biografie, etwas Leichtes zur reinen Unterhaltung und dazu einen Stapel Zeitschriften haben, kommen Sie nicht in die Gänge. Außerdem sind Sie dann ein langweiliger Gesprächspartner. **Lesen Sie!**

9. Juni

Wenn Sie sich das nächste Mal selbst sagen hören „Ich mag meinen Job nicht“, bedenken Sie Folgendes: Das interessiert niemanden. **Sie werden nicht dafür bezahlt, dass Sie Ihren Job mögen.** Sie werden dafür bezahlt, dass Sie Ihren Job **machen**.

10. Juni

Außergewöhnliches kommt nicht von Leidenschaft, Freude, Liebe oder Spaß. Es kommt von Erfahrung. Es kommt daher, dass man Mist baut und etwas so lange falsch macht, bis man es endlich – endlich! – richtig macht. Und es kommt von der guten alten fleißigen Arbeit. Die anderen Dingen helfen, aber für sich allein genommen sind sie meistens heiße Luft. Schweiß ändert etwas – heiße Luft nicht.

11. Juni

Seien Sie ehrlich.
Immer, ohne Ausnahme,
auch wenn es schwerfällt.
Eigentlich gerade dann,
wenn es schwerfällt.

12. Juni

Wenn Sie nicht wissen, wie Sie Ihre Arbeit in der Anzahl von Stunden bewältigen sollen, für die Sie bezahlt werden, heißt das wahrscheinlich, dass Sie trödeln, wenn Sie eigentlich arbeiten sollten.

13. Juni

Dulden Sie nie schlechte Leistungen, weder bei sich selbst noch bei anderen.

14. Juni

Messen Sie weder Beschäftigungstherapie noch Aktivismus. **Messen Sie, was erreicht wird.** Was die Menschen tun, ist weniger wichtig als das, was sie bewältigen.

15. Juni

Reißen Sie die Klappe nicht zu weit auf.

Versprechen Sie nichts, was Sie nicht halten können.

16. Juni

Dulden Sie keine Mittelmäßigkeit.

17. Juni

Jedes Mal, wenn Sie nicht Ihr Bestes geben,
ist das **Diebstahl**.
Sie bestehlen Ihr Unternehmen, denn es beschäftigt und bezahlt Sie für das Beste, das Sie geben können. Sie bestehlen Ihre Kollegen, denn sie müssen wettmachen, was Sie schleifen lassen. Sie bestehlen Ihre Kunden, denn sie bezahlen den Verkaufspreis, damit sie Ihr Bestes bekommen. Vor allen Dingen bestehlen Sie sich selbst, denn Sie berauben sich der Befriedigung, die Sie empfinden, wenn Sie Ihr Bestes gegeben haben.

18. Juni

Alles Reden ist nur Reden. Alle Worte, die auf diesen Seiten stehen, sind nur Worte. Wenn Sie wollen, dass sich die Dinge bessern, schreiten Sie zur Tat. Sprechen Sie nicht nur darüber. Lesen Sie nicht nur oder denken darüber nach. **Tun Sie es.**

19. Juni

Sie mögen keinen schlechten Service? Was tun Sie dagegen? Sagen Sie etwas? Beschweren Sie sich? Verlangen Sie den Vorgesetzten? Erzählen Sie Ihre Erfahrung weiter? Melden Sie sie dem Verbraucherschutz? Schreiben Sie Briefe? Stellen Sie eine Bemerkung in Ihren Blog? Schreiben Sie eine E-Mail? Oder nehmen Sie es einfach hin, grummeln vor sich hin und beschließen, dort nicht mehr hinzugehen? Solange Sie sich nicht gegen schlechten Service wehren und etwas dagegen unternehmen, werden Sie unweigerlich auch weiterhin schlechten Service erfahren.

20. Juni

Manche Menschen wollen immer so perfekt sein wie im Beruf. Das wird sie noch mal umbringen.

Lassen Sie locker!

Leiden Sie auch unter dieser „Krankheit“? Machen Sie halblang. Nehmen Sie nicht alles so ernst, wenn Sie nicht auf der Arbeit sind.

21. Juni

„Solange es Ihnen damit gut geht, können Sie alles machen!"

Das ist eine totale Lüge.

Sie haben in Ihrem ganzen Leben noch nie etwas zum Besseren verändert, wenn Sie mit sich zufrieden waren. Sie verbessern etwas an Ihrem Leben, wenn Sie **unzufrieden** mit sich selbst sind.

22. Juni

Lesen Sie aus Büchern **eher die Absicht als den Inhalt** heraus. Bücher enthalten viele Informationen – manchmal zu viele. Versuchen Sie also nicht, alles aufzunehmen. Suchen Sie das zentrale Thema, das vorherrschende Konzept und den Hauptgedanken, den der Autor vermitteln will. Wenn Sie mit dem Buch fertig sind, schreiben Sie hinten den einen großen Gedanken hinein, damit Sie das Buch in ein paar Jahren wieder in die Hand nehmen und nachsehen können, was Sie gelernt haben.

23. Juni

Der Grund, aus dem Sie etwas erreichen wollen, ist wichtiger als die Art, auf die Sie etwas erreichen wollen. Es gibt so viele Arten, etwas zu erreichen, wie es Menschen gibt, die das schon gemacht haben. Nebenbei gesagt kann es Sie erdrücken, wenn Sie sich zu lange Gedanken darum machen, wie das gehen soll.

Konzentrieren Sie sich auf das Warum.

Wenn das Warum stark genug ist, halten Sie jedes Wie aus.

24. Juni

Der ideale Plan für Ihr Geld:

Sparen Sie 10 Prozent.

Legen Sie 10 Prozent an.

Spenden Sie 10 Prozent.

Leben Sie von den restlichen 70 Prozent.

25. Juni

Manche Menschen haben das Glück gepachtet. Sie haben das schon gehört. Wahrscheinlich haben Sie das auch schon gesagt. Vielleicht haben Sie gesagt: „Bei meinem Glück …" Und danach haben Sie etwas ganz Fürchterliches erwähnt, das nach Ihrem Wunsch nicht passieren soll.

Vergessen Sie das Glück. Glück ist Gelegenheit plus Vorbereitung. Sind Sie darauf vorbereitet, Gelegenheiten zu nutzen, wenn sie Ihnen begegnen? Nein? Dann erwarten Sie kein Glück. Wenn Sie auf alle Gelegenheiten vorbereitet sind, die Ihnen unterkommen, werden Sie eine Menge Glück haben. Bereiten Sie sich vor und lernen Sie, Ihre Chancen zu erkennen und zu nutzen.

26. Juni

Wenn Sie arbeiten, arbeiten Sie!
Wenn Sie spielen, spielen Sie!
Vermischen Sie nicht beides.

27. Juni

Ich finde es traurig, wenn ich Mütter und Väter sehe, die versuchen, die besten Freunde ihrer Kinder zu sein. Kinder wollen aber nicht, dass Sie ihr Kumpel sind; Sie wollen, dass Sie ihre Eltern sind. Man kann nicht zur Bande gehören und den Respekt aufrechterhalten, den man braucht, um ein guter Elternteil zu sein. Meine Jungs und ich sind Freunde – gute Freunde. Wir sprechen offen über alles, was in ihrem Leben passiert. Trotzdem gibt es eine Grenze zwischen Freund und Elternteil, die wir nicht überschreiten.

28. Juni

Die Menschen fragen mich oft, welche Bücher sie lesen sollen.
Hier ein Tipp: Lesen Sie nicht das, was arme Leute lesen. **Lesen Sie, was reiche Leute lesen.**

29. Juni

Jeder verbockt mal etwas. Wir machen alle Fehler. Wir sind Menschen, wir machen sowas. Wenn Sie leben, ohne Fehler zu machen, lassen Sie sich eines gesagt sein: Sie sind tot. Hier ist der Schlüssel: **Lernen Sie aus Ihren Fehlern.** Es ist in Ordnung, viele Fehler zu machen, aber es ist nicht in Ordnung, den gleichen Fehler immer und immer wieder zu machen. Ab einem gewissen Punkt muss man schlau daraus werden.

30. Juni

Der erste Schritt, den Sie machen müssen, um Ihr Leben zu ändern: **Beschließen Sie, Ihr Leben zu ändern.** Alles, was passiert, fängt mit einer Entscheidung an. Wenn Sie beschließen, dass es Ihnen wirklich besser gehen soll, dann müssen Sie die notwendigen Schritte unternehmen und das Nötige tun, damit es Ihnen besser geht. Den meisten Menschen geht es nie so gut, wie Sie es erwarten oder wünschen, weil Sie diesen ersten Schritt nicht gemacht haben.

1. Juli

Ethik ist eine Frage von Schwarz und Weiß – kein Grau. Da heißt es entweder richtig oder falsch, gut oder schlecht, hallo oder tschüs. Man ist entweder im Weg oder auf dem Weg.
Leicht gesagt, aber schwer herauszufinden? Nicht wirklich. Woher wissen Sie, ob es richtig oder falsch ist, etwas zu tun? Wenn Sie fragen müssen, ist es falsch. Und damit haben Sie schon die Antwort. Also tun Sie auch dann das Richtige, wenn es unpopulär ist, wenn es Sie Geld kosten kann oder peinlich sein kann. Auf lange Sicht lohnt es sich immer, wenn man konsequent und ausnahmslos das Richtige tut. Tun Sie das Richtige im Hinblick auf Ihre Kinder, auf Ihren Ehepartner, auf Ihre Familie, Ihren Chef, Ihre Mitarbeiter, Ihre Kunden und im Hinblick auf den Fremden, der im Auto neben Ihnen vorbeifährt, und tun Sie auch im Hinblick auf Ihre Steuern das Richtige! Kompromittieren Sie nie Ihren künftigen Erfolg oder erschummeln Sie sich aktuellen Erfolg, indem Sie weniger tun als unter allen Umständen das Richtige zu tun.

2. Juli

Ich glaube an den Egoismus.

Am besten kann ich anderen dienen, indem ich mich egoistisch selbst gut bediene. Wenn ich mir die Zeit nehme, mich körperlich gut zu fühlen, liefere ich bessere Arbeit ab. Das erfordert ein bisschen Egoismus. Wenn ich etwas arbeite, das ich gern mache, arbeite ich besser, und je besser ich arbeite, desto mehr haben andere von meiner Arbeit.

Manchmal gibt man so viel von sich auf, dass man die Qualität dessen schädigt, was man zu geben hat.

3. Juli

Wir haben weniger ein Kundenservice-Problem als vielmehr **ein Eltern-Problem.**
Der Grund, weshalb der junge Mensch, der Ihnen die Kaffeetasse bringt, Ihnen nicht in die Augen schauen, Ihre Gegenwart nicht registrieren, Sie nicht begrüßen und sich nicht bedanken kann, besteht darin, dass er nicht dazu erzogen wurde, solche Dinge zu tun.
Das ist ein Eltern-Problem.

4. Juli

Wir Amerikaner sind in Sachen Patriotismus große Klasse. Wir grüßen die Flagge, wir prahlen damit, Amerika sei das großartigste Land der Welt – in Patriotismus sind wir große Klasse. Aber wenn Sie die Demokratie nicht dadurch praktizieren, dass Sie wählen gehen, verdienen Sie auch nicht, sie zu genießen. Auch haben Sie dann nicht das Recht, darüber zu meckern. Wen Sie wählen, ist mir egal. Ist mir wirklich egal. Ich möchte zwar, dass die Wahlen in meinem Sinne ausgehen, aber wenn nicht, muss ich eben mit dem Ergebnis leben. Mir geht es bloß um eins: **Wählen Sie.** Wählen Sie, wen Sie wollen und aus welchen Gründen auch immer. Aber tun Sie es.

5. Juli

Das Problem an der Selbsthilfe ist meistens, dass zu viel **Hilfe** darin steckt, aber nicht annähernd genug **Selbst**.

Selbsthilfe sollte einem eigentlich sagen, dass man den Mist selbst gebaut hat und dass man ihn selbst wegräumen muss.

Suchen Sie nicht immer außerhalb Ihrer selbst nach Hilfe. Die beste helfende Hand, die Sie je finden werden, hängt an Ihrem eigenen Arm.

6. Juli

Die meisten Menschen sind mittelmäßig, führen ein mittelmäßiges Leben, denken mittelmäßige Gedanken, tun mittelmäßige Dinge und erzielen mittelmäßige Ergebnisse. Ihr Einkommen fällt in den mittleren Bereich. Ihre Häuser sind im mittleren Bereich. Ihr ganzes Leben ist mittelmäßig und steckt tief im Mittelmaß fest. Traurigerweise sind sich die meisten Menschen ihrer misslichen Lage gar nicht bewusst, denn alle, die sie kennen, stecken mit ihnen im Mittelmaß fest. Befreien Sie sich aus dem Mittelmaß. Das ist langweilig. Gehen Sie an die Grenze. **An der Grenze gibt es Spaß**, Geld und wahre Selbstzufriedenheit. Und was das Beste ist, wenn man an der Grenze lebt: Da ist jede Menge Platz, denn da sind nicht viele.

7. Juli

Was Ergebnisse betrifft, fragen die Menschen nicht nach dem Wie, sondern nach dem Wie viel. **Quantifizierbare Ergebnisse** interessieren die Menschen viel mehr als die Methode, mit der diese Ergebnisse erzielt wurden. Solange Ihre Methoden legal, ethisch, moralisch und vernünftig sind, braucht einen sonst eigentlich nichts zu interessieren.

8. Juli

Manche Menschen gehen zu übergewichtigen, rauchenden Ärzten, um zu erfahren, wie man gesund wird. **Ist das sinnvoll?** Wenn Sie zu einem Arzt gehen, der sich dafür entscheidet, seine Gesundheit zu zerstören, sind Sie ein Idiot. „Dicker Doktor" ist meines Erachtens gleichbedeutend mit „lausiger Doktor". Einem Arzt, der Zigaretten raucht, sollte man die Approbation entziehen. Einen Arzt arbeiten zu lassen, der einen solchen Grundpfeiler der Gesundheit verletzt, ist ungefähr so sinnvoll, wie wenn man verurteilte Triebtäter in der Kinderbetreuung arbeiten lässt. Meiden Sie Ärzte, die dick sind, die rauchen, die automatisch Medikamente und Operationen für die beste Lösung Ihrer Leiden halten und die Sie länger als 30 Minuten warten lassen.

9. Juli

Die Leute sagen, sie wollen tolle Kinder haben.

Natürlich sagen sie das. Wer will denn keine tollen Kinder aufziehen?

Doch in Wirklichkeit beträgt die Zeit, die Eltern pro Woche für sinnvolle Gespräche mit ihren Kindern aufbringen, dreieinhalb Minuten. Zweihundertzehn Sekunden pro Woche. Dreißig Sekunden pro Tag.

Ja sicher, wir wollen tolle Kinder haben, aber nicht so sehr, dass wir mit ihnen reden. Das sollte Sie wahnsinnig, krank oder beides machen.

10. Juli

Es ist **nie** notwendig, mehr als drei Kreditkarten zu haben.
Sie brauchen keine Kreditkarte von einem Geschäft anzunehmen, damit Sie beim heutigen Einkauf 10 Prozent sparen. Das ist ein toller Trick, damit Sie meinen, Sie würden 10 Prozent sparen, aber in Wirklichkeit haben Sie dadurch nur eine zusätzliche Kreditkarte mit hohen Zinsen, die sich negativ auf Ihre Kreditwürdigkeit auswirkt.
Vergessen Sie die 10 Prozent Ersparnis und begreifen Sie, dass Sie keine weitere Kreditkarte brauchen. Übrigens: Wenn Sie etwas mit 40 Prozent Rabatt kaufen, sparen Sie keine 40 Prozent. Sie geben 60 Prozent aus. Wenn Sie nicht vorhatten, zum vollen Preis zu kaufen, sparen Sie also überhaupt nichts.

11. Juli

Unternehmen gibt es aus einem Grund,

und zwar nur aus einem: um Gewinn zu machen. Die meisten profitablen Unternehmen leisten ihren Kunden gute Dienste. Sie sichern ihre Profitabilität dadurch, dass sie Menschen beschäftigen, die mehr wert sind, als sie kosten.

Wenn Ihr Unternehmen nicht gut läuft, liegt es daran, dass Sie entweder Ihren Kunden keine guten Dienste leisten, oder dass Sie nicht die richtige Sorte Menschen beschäftigen.

12. Juli

Die Menschen fahren betrunken Auto, sie bauen Unfälle und dann wollen sie Kneipen und Wirte verklagen, weil sie ihnen zu viel ausgeschenkt haben.
Die Menschen schütten sich heißen Kaffee in den Schoß und verklagen die Menschen, die den Kaffee zu heiß gemacht haben. Aber wenn der Kaffee nicht heiß wäre, würden sie sich darüber auch beschweren.

Hört auf, Menschen zu verklagen, weil Ihr ungeschickt seid oder weil Ihr nicht merkt, wann Ihr genug habt!

13. Juli

Die Menschen bitten um Rat – sie betteln sogar darum. Anscheinend tun sie für einen Rat alles. Sie bezahlen sogar dafür. Und dann nehmen sie den Rat nicht an.

Die Menschen holen sich bei einem reichen Mann Rat, was nötig ist, damit man reich wird. Der reiche Mann sagt ihnen genau, was sie tun müssen. Und tun sie es? Nein. Tatsächlich bringen sie sogar Einwände gegen den Rat.

Ihr Arzt sagt Ihnen genau, was Sie tun müssen, um gesünder zu werden. Tun Sie es dann? Wahrscheinlich nicht. Offenbar wissen Sie es besser als irgendein dummer Arzt, der eine siebenjährige oder längere medizinische Ausbildung genossen hat.

Wozu machen Sie sich die Mühe, um Rat zu fragen, wenn die einzige Meinung, die Sie respektieren, Ihre eigene ist?

14. Juli

Nachdem alles gesagt und getan ist,
wird mehr geredet als gehandelt.

15. Juli

Sie wollen keines der Dinge, von denen Sie sagen, sie wollten sie. **Sie wollen nur das, was Sie haben.** Deshalb haben Sie es. Wenn Sie etwas anderes haben wollten, hätten Sie etwas anderes. Oder Sie würden zumindest etwas unternehmen, damit Sie etwas anderes bekommen, als Sie haben.

Es ist Zeit, dass Sie einen ausgiebigen Blick auf die Wahrheit werfen. Hören Sie auf, sich zu belügen. Die Wahrheit ist, dass Ihr Leben so ist, wie Sie es haben wollen.

16. Juli

Die Menschen behandeln Sie **so, wie Sie ihnen beibringen, dass sie behandelt werden wollen.**

17. Juli

Erfolg ist ein Ausschlussverfahren.

Sie müssen erfolgloses Verhalten in Ihrem Leben beseitigen, damit Sie Platz für erfolgreiches Verhalten schaffen.

18. Juli

Es kommt ein Punkt, an dem Sie selbst erkannt haben sollten, was nötig ist, damit es Ihnen gutgeht. **Seien Sie aufmerksam.** Schauen Sie sich um, beobachten Sie, was andere Menschen tun, und beziehen Sie daraus Hinweise darauf, was etwas bringt und was nicht. Dann hören Sie auf, die ganzen dummen Dinge zu machen, die nichts bringen.

19. Juli

Ich behaupte, dass jeder Mensch in jeder Situation exakt weiß, was er tun müsste, damit es besser wird. Er weiß vielleicht nicht alles, was er tun muss, aber er weiß etwas, das er tun könnte. Das echt Dumme daran ist, dass die Menschen zwar immer etwas wissen, das sie tun könnten, dass sie es aber selten tun. Das ist das, was mich daran am meisten aufregt. Sie wissen, was Sie tun müssen, aber Sie tun es nicht? **Was sind Sie nur für ein Mensch?**

20. Juli

Hoffnung ist keine Strategie, die zum Wohlstand führt.

Wunschdenken ist kein Plan, der zum Erfolg führt.

21. Juli

Viele Menschen meinen, ihre Ergebnisse seien einfach das Schicksal ihres Lebens. Sie denken sich: „Das sind die Karten, die mir gegeben wurden, und mit denen muss ich spielen."

Nein, mit denen müssen Sie nicht spielen. Das Schöne am Leben ist, dass man sich immer weigern kann, mit den Karten zu spielen, die man bekommen hat. Sie können verlangen, dass neu gegeben wird. Und die gute Nachricht ist, dass Sie der Geber sind. **Sie können sich ein neues Blatt geben.**

22. Juli

Zuspätkommen, nur weil es gerade in Mode ist, kommt nicht in Frage. **Zuspätkommen ist ungehobelt.** Zuspätkommen ist respektlos. Es ist nie in Mode, ungehobelt und respektlos zu sein.

23. Juli

Wenn Sie anfangen, ein Haus zu bauen, **gehen Sie gleich vom Endresultat aus.** Sie stellen sich das Endprodukt bildlich vor und machen dann Pläne, die Ihre Vision wahr werden lassen. Sie engagieren einen Architekten, suchen eine Baufirma und machen sich an die Arbeit. Die federführende Baufirma hält die beauftragten Firmen genau im Auge und sorgt dafür, dass sie ihre Arbeit machen und dass das Projekt planmäßig vorangeht. Sie investieren Zeit, Energie und Geld in das Projekt, damit Sie am Ende auch wirklich das bekommen, was Sie sich vorgestellt haben.

Genau so ist es auch mit Kindern. Man hat eine gewisse Vorstellung von ihnen. Nur dass man als Elternteil Architekt, Bauherr und Baufirma in einer Person ist. Ein paar Subunternehmer sind auch mit von der Partie. Dazu gehören die

Großeltern, der Rest der Familie, Freunde, Babysitter, Lehrer, Trainer und andere Personen, die regelmäßig vorübergehend Verantwortung für die Entwicklung Ihres Kindes tragen. Als federführender Bauträger sind Sie dafür zuständig, dass diese beauftragten Firmen ihren Job machen und Ihnen helfen, das Gesamtprojekt planmäßig voranzubringen.

24. Juli

Kennen Sie den alten Witz? „Warum leckt sich der Hund selbst?" Antwort: „Weil er es kann." Warum tun die Menschen, was sie eben tun? Weil sie es können.

Meistens kommen die Menschen mit allem Möglichen durch, wenn es keine Konsequenzen hat. **Konsequenzen kontrollieren das Verhalten.** Ich halte viel davon, Konsequenzen durchzusetzen und den Menschen die Möglichkeit zu geben, aus dem Schmerz ihrer schlechten Entscheidungen etwas zu lernen.

25. Juli

Damit Sie etwas haben, das Sie noch nie hatten, und damit Sie etwas bekommen, das Sie noch nie bekommen haben, **müssen Sie etwas tun, was Sie noch nie getan haben.**

26. Juli

Viele von uns kommen an einen Punkt, an dem wir von anderen Menschen nicht mehr viel erwarten. Die schlechten Erfahrungen haben uns dermaßen erschöpft, dass wir von den Menschen nichts anderes mehr als Dummheit erwarten.

Doch diese Denkweise ist ein Fehler. Ich habe festgestellt, dass die Menschen den Erwartungen, die wir in sie setzen, entweder gerecht werden oder auch nicht. **Erwarten Sie von anderen das Beste, dann steigen die Chancen, dass Sie es auch bekommen.**

Erwarten Sie gleichzeitig auch mehr von sich selbst. Vielleicht werden Sie enttäuscht, wenn Menschen der Erwartung nicht gerecht werden, aber lieber werden Sie dadurch enttäuscht, dass Sie viel erwarten und nichts bekommen, als dadurch, dass Sie nichts erwarten und das auch bekommen.

27. Juli

Einer der Gründe, weshalb Menschen nicht erfolgreich sind, besteht darin, dass sie kein Bild davon erschaffen können, wie der Erfolg in ihrem Leben aussehen sollte. Sie sehen, dass der Erfolg im Leben anderer Menschen stattfindet, aber in ihrem eigenen Leben sehen sie ihn nicht stattfinden.

Sie sind in ihrer Schiene festgefahren und sehen ihr Leben, wie es ist oder wie es war, anstatt es so zu sehen, wie es sein könnte. Sie müssen von dem Bild wegkommen, wie Ihr Leben schon immer aussieht, und anfangen, sich Ihr Leben so auszumalen, wie es nach Ihren Wünschen aussehen soll.

28. Juli

Schon komisch, dass man überhaupt nicht daran denkt, gesund zu essen und Sport zu treiben – bis man einen Herzinfarkt bekommt. Dann wird die Gesundheit zur höchsten Priorität. Warum musste man erst einen Herzinfarkt bekommen, damit sie wichtig wird? **Wäre es nicht billiger und weniger schmerzhaft gewesen, keinen Herzinfarkt zu bekommen?**

29. Juli

Ihre Zeit, Ihre Energie und Ihr Geld fließen immer in das, was Ihnen wichtig ist.
Wenn Sie Ihre Zeit, Ihre Energie und Ihr Geld in etwas nicht investieren, dann heißt das, **dass es Ihnen total egal ist.**

30. Juli

Was könnte Ihnen wohl wichtiger sein, als Ihr Potenzial voll auszuschöpfen? So gut im Wohlstand leben, wie Sie können? So gesund sein, wie Sie können? Freunde und Familie genießen? Ein guter Elternteil sein? Ein guter Ehepartner sein?

Nichts ist wichtiger, als sein Potenzial voll auszuschöpfen. Punkt.

31. Juli

Redner und Autoren sagen Ihnen, dass der Erfolg schwer ist. Und genau so wollen Sie es haben. Sie wollen haben, dass er schwer ist, denn wenn Sie ihnen die irrige Idee abkaufen, Erfolg sei schwer, haben Sie eine Ausrede dafür, dass Sie nicht erfolgreich sind. Das ist ja auch schwer!

Glauben Sie das nicht. **Erfolg ist einfach.** Er beruht auf einer Handvoll einfacher guter Ideen wie Verantwortung übernehmen, ein integres Leben führen, ehrlich sein und hart arbeiten. Braucht man mehr? Natürlich schon. Aber wenn Sie erst einmal diese einfachen Ideen meistern und dann ein bisschen nachforschen, finden Sie heraus, was noch nötig ist. Und Sie finden heraus, dass das alles einfach ist.

1. August

Die Beatles hatten recht. **All you need is love.** Natürlich können Gesundheit und ein bisschen Geld auch nichts schaden.

2. August

Alle guten Dinge, die in meinem Leben passiert sind, haben sich aus meiner Entscheidung ergeben, dass sie passieren sollen. Das Gleiche gilt für Sie und Ihr Leben. **Ihre Entscheidungen werden Ihre Zukunft gestalten.** Sie müssen beschließen, dass Sie bereit sind, zu tun, was nötig ist, um das Leben zu leben, das Sie leben wollen und das Sie verdient haben.

3. August

Kinder müssen lernen, die Disziplin zu akzeptieren, der sie zu Hause unterworfen sind, und damit umzugehen. Wenn Ihre Kinder mit der Disziplin zu Hause nicht umgehen können, wie sollen sie dann mit der Disziplin in der Schule zurechtkommen? Oder als Erwachsene auf der Arbeit? Antwort: Das werden sie nicht.

Kinder, die sich schlecht benehmen, die die Autorität ihrer Eltern nicht respektieren, werden auch die Autorität ihrer Lehrer und Chefs missachten. Wenn Sie als Eltern nicht verlangen und durchsetzen, dass sie sich an Ihre Regeln halten, **verpfuschen Sie die Zukunft Ihres Kindes** in der Schule und ruinieren seine Chancen, produktiv zu arbeiten.

4. August

Seien Sie großzügig – nicht nur mit Ihrem Geld, sondern auch mit Ihrer Zeit. Geben Sie bedürftigen Menschen das, wovon Sie mehr haben, als Sie brauchen. Und denken Sie nie, Sie hätten zu wenig, um anderen ein bisschen abzugeben. Sie haben immer genug, um zu teilen.

5. August

Disziplin ist ein Verhaltenskodex, nach dem Sie Ihr Leben richten und Ihre Kinder erziehen. Wenn Sie den Kodex verletzen, werden Sie bestraft.

6. August

Schaufeln Sie jeden Tag ein bisschen Zeit für Bildung frei. Sagen Sie nicht: „Zum Lesen habe ich keine Zeit." Das ist schlicht dumm und beleidigt diejenigen unter uns, die sich Zeit zum Lesen nehmen. Sie haben massig Zeit zum Lesen.

Wenn es Ihnen wichtig genug ist, werden Sie die Zeit dafür finden. Dieses Prinzip funktioniert immer. Sie werden Zeit für alles finden, was Ihnen wichtig ist. Fangen Sie mit 15 Minuten an. Jeder kann täglich 15 Minuten zum Lesen finden. Fangen Sie mit 15 Minuten an und bauen Sie das aus.

7. August

Die Menschen verbringen die ganze Woche mit der Planung ihres freien Tages, aber sie verbringen keine Minute mit der Planung ihres restlichen Lebens. Was den freien Tag angeht, beschließen Sie genau, was sie tun werden, mit wem sie das tun werden, wie lange das dauern wird und was es sie kosten wird.

Warum machen Sie es mit Ihrem Leben nicht genauso? Überlegen Sie sich, welche Arbeit Sie machen wollen, welchen Spaß Sie haben wollen, mit wem Sie das machen wollen und was Sie das kosten wird.

8. August

Glauben Sie nicht, Sie könnten jemanden zu der Person machen, die Sie sich wünschen. **Menschen ändern sich – aber nicht oft.** Es ist so gut wie unmöglich, jemanden zu ändern, und selten ist diese Anstrengung der Mühe wert. Sparen Sie Zeit: Finden Sie von Anfang an die richtige Person.

9. August

Lassen Sie Ihren Kindern nicht zu viel Luft. Sie erweisen Ihren Kindern einen sehr schlechten Dienst, wenn Sie zu nachgiebig sind.

10. August

90–60–90! Sie wissen nicht, was das ist? Gut. Das heißt nämlich, dass Sie nicht durch die Flirt-Seiten im Internet surfen oder die Kontaktanzeigen in der Lokalzeitung lesen. Das sind die **„Idealmaße“.** Peilen Sie sie an.

11. August

Wenn die Dinge anfangen, kompliziert zu werden, hören Sie auf, sortieren Sie um und fangen Sie neu an.
Erfolg ist immer einfach. **Nicht leicht, aber einfach.**

12. August

Seien Sie bereit, sich manchmal zum Narren zu machen. Besorgen Sie sich ein Furzkissen und rote Socken. Ein voller Aufzug und ein Furzkissen sind ein garantierter Lacher. Bei Männern klappt das besser. Wir halten Fürze für die lustigste Sache der Welt.

Was die roten Socken betrifft: Kaufen Sie sich ein Paar und tragen Sie sie nur einmal, dann verspreche ich Ihnen, dass Sie sich hinterher nicht mehr so ernst nehmen. Ich sage schon seit Jahren, dass auf meinem Grab der Spruch stehen sollte: „Er war ein Mann mit roten Socken in einer Welt voller brauner Socken.“

14. August

Der Schlüssel zu jeder guten Beziehung ist die Bereitschaft, sich mehr als die Hälfte des Weges entgegenzukommen. Das klappt bei Ihren Kindern, Ihrem Ehepartner, Ihren Mitarbeitern und Ihren Kunden. Der alte Spruch, „ich komme dir auf halbem Weg entgegen“ mag bei Vertragsverhandlungen funktionieren, aber nicht in einer persönlichen Beziehung. Um eine Beziehung am Laufen zu halten, muss man weit mehr als den halben Weg gehen. Man muss sogar mehr als den ganzen Weg gehen. Man muss so weit gehen wie nötig, damit es klappt, und dann noch ein bisschen weiter.

15. August

Geld ist das Ergebnis guter Dienste. Menschen zu dienen ist eine ehrenwerte Sache, und es ist harte Arbeit. Geld ist das Ergebnis harter Arbeit.

Geld zu haben ist eine wunderbare Sache. Damit bezahlen Sie das Studium Ihrer Kinder. Damit bezahlen Sie für medizinische Behandlung, wenn Sie selbst oder Ihre Lieben krank werden. Es versorgt Ihre Eltern, wenn sie alt werden und Hilfe brauchen. Es ernährt Obdachlose und hilft denen, die weniger Glück haben. Sie bezahlen damit Steuern für den Straßenbau, für die Feuerwehr und für die Polizei. Es muss vermehrt, geachtet, gespart, investiert und genossen werden.

16. August

Es gibt Finanzgurus, die den Menschen das Geheimnis des Reichtums beibringen wollen. Doch in Wirklichkeit gibt es genauso viele Wege zum Reichtum, wie es reiche Leute gibt. Den einzigen Weg zum Reichtum gibt es nicht.

Egal welchen Weg Sie wählen, reich werden Sie erst, wenn Sie aufhören, die Dinge zu tun, die Sie pleite halten. Wenn man jemandem beibringt, wie man reich wird, bevor man ihm beibringt, wie man nicht mehr pleite ist, wird er bloß in größerem Maßstab wieder pleite gehen. Er wird vielleicht reich, hat aber immer noch die Gewohnheiten eines bankrotten Menschen. Man muss jemandem beibringen, wie man aufhört, wie ein bankrotter Mensch zu leben, und wie man anfängt, zu leben wie ein reicher Mensch – bevor das Geld wirklich kommt.

17. August

Haben Sie viel Sex. Wenn der Sex aufhört, dann hört normalerweise die Intimität auf und mit der Beziehung geht's bergab.

Ein Hinweis für alle Frauen: Männer sind Schweine. Habt Sex mit uns, dann tun wir alles, was Ihr wollt. Wir reden; wir hören zu; wir tragen den Müll raus. Wenn Ihr keinen Sex mit uns habt, finden wir trotzdem einen Weg, ihn zu bekommen – nur eben nicht mit euch. Das ist das Gesetz der Wildnis. Männer wollen ein Sandwich und Sex. Insofern sind wir unkompliziert. Nutzt diese Information zu eurem Vorteil.

18. August

Geizen Sie mit Ihrer Zeit. Das heißt, dass Sie richtig gut nein sagen lernen müssen. Wenn jemand Sie bittet, etwas zu tun, das nicht in Ihren Plan passt, sagen Sie nein. Wenn jemand will, dass Sie Ihre Zeit mit etwas verbringen, dass Sie nicht tun wollen, sagen Sie nein. Das ist ein einfacher Vorgang, aber manchmal schwer durchzuziehen.

19. August

Aktivität zieht noch mehr Aktivität nach sich.

Trägheit bewirkt noch mehr Trägheit.

20. August

Stellen Sie eine „dankbar"-Liste zusammen.

Schreiben Sie Dinge auf wie Ihr Haus, Ihr Auto, Ihre Freunde, Ihre Fähigkeiten, Ihre Sachen, Ihre Familie und Ihren Job. Schreiben Sie auch Dinge auf, an die Sie normalerweise nicht denken würden, zum Beispiel Ihre Gesundheit, was Sie wissen und was Sie lernen.
Wie Zig Ziglar sagt: „Je dankbarer man für das ist, was man hat, umso mehr wird man haben, wofür man dankbar ist."

21. August

Wenn Sie um eine Spende gebeten werden, finden Sie heraus, wie viel von dem Geld tatsächlich für den guten Zweck verwendet wird und nicht für die Verwaltung. Wenn die Person, die Sie darum bittet, diese Frage nicht beantworten kann, lassen Sie sie stehen oder legen Sie auf. Wenn mehr Geld in den Betrieb der Organisation als in die Sache an sich fließt, sollten Sie sich daran nicht beteiligen.

22. August

Leugnen Sie nicht, dass ein Problem ein Problem ist.

Menschen, die sagen, „Ich habe keine Probleme, ich habe nur Chancen“, sind Idioten. Manche Probleme sind keine Chancen – sie sind einfach Probleme. Erkennen Sie sie als Probleme an und gehen Sie angemessen damit um. Leugnen ist dumm und es bewirkt nichts anderes, als den Schmerz zu verlängern, den das Problem verursacht.

23. August

Wenn Sie nichts Sachdienliches zu sagen haben, schweigen Sie bitte. Quatschen Sie nicht einfach weiter, weil Sie sich gern reden hören. Ich kenne professionelle Redner von dieser Sorte. Sie sind so sehr in den Klang ihrer eigenen Stimme verliebt, dass das Publikum längst nicht mehr zuhört, wenn sie mit ihrer Rede zum Ende kommen.

24. August

Hüten Sie sich vor dem Telefon. Lassen Sie Dinge, die getan werden müssen, nicht vom Telefon unterbrechen. Es ist echt okay, den Anrufbeantworter rangehen zu lassen, vorausgesetzt, Sie rufen prompt zurück. Die beste Möglichkeit, aus einem Telefongespräch herauszukommen, das sich hinzieht, ist der Satz: „Ich weiß, dass Sie zu tun haben, und ich lasse Sie jetzt." Niemand wird zugeben, dass er nichts zu tun hat. Sagen Sie das, dann gibt man Sie frei.

25. August

Beginnen Sie jeden Tag mit einer kleinen

„Ich bin dankbar" -Übung.

Öffnen Sie morgens die Augen und seien Sie dankbar, dass Sie die Nacht überlebt haben – viele Menschen haben das nicht.

Seien Sie froh, dass Sie an diesem Tag etwas zu tun haben und dass Sie das mit anderen Menschen tun.

Moment – Sie haben nichts zu tun oder keine Menschen, mit denen zusammen Sie das tun? Dann finden Sie etwas zu tun und ein paar Menschen, mit denen Sie das tun können, und seien Sie dankbar dafür, dass Sie sie gefunden haben.

26. August

Ein Reporter fragte mich kürzlich in einem Interview: „Was zählt am Ende des Tages wirklich?“ Meine Antwort: „Nicht viel.“
Es gibt wirklich nicht viel, was wichtig ist. Wenn Sie am Ende des Tages öfter gelächelt als die Brauen hochgezogen haben, wenn Sie öfter gelacht als geweint haben, Ihrer Familie und Ihren Freunden gesagt haben, dass Sie sie lieben, und wenn Sie Ihre Arbeitszeit recht angenehm verbracht haben, dann war es ein guter Tag. Gehen Sie ins Bett und bedanken Sie sich dafür.

27. August

Seien Sie echt. Versuchen Sie nicht, jemand zu sein, der Sie nicht sind. Sie werden sich dafür hassen, und die Anstrengung für die Aufrechterhaltung der Fassade wird Sie erschöpfen. Seien Sie echt. Viele Menschen werden Ihr wahres Ich nicht mögen, aber das ist immer noch besser, als wenn sie die Person bewundern, die überhaupt nicht „Sie" ist.

28. August

Machen Sie sich keine Sorgen um die Anzahl Ihrer Freunde. Es ist besser, wenige gute Freunde zu haben, auf die man sich verlassen kann, als einen Haufen Gutwetter-Freunde, die nicht da sind, wenn Sie sie brauchen.

Schauen Sie bei Freunden eher auf Qualität als auf Quantität.

29. August

Seien Sie ein guter Zuhörer. Der beste Freund, den Sie je haben werden, ist jemand, der einfach nur zuhört. Die Betonung liegt übrigens auf „nur“. Deshalb ist meine Bulldogge Ralph mein bester Freund. Keine Wertung, nur stille Akzeptanz dessen, was ich sage. Er versteht kein Wort von dem, was ich sage, aber er mag mich genug, dass er mir geduldig zuhört. Seien Sie wie Ralph.

30. August

Glauben Sie bitte nicht, dass Erfolg schwer zu erreichen ist. Diejenigen, die Ihnen sagen, Erfolg sei schwer, versuchen, Ihren Erfolg dadurch zu unterhöhlen, dass sie Ihre Schwächen ausnutzen. Sie behandeln Sie wie einen Trottel. Seien Sie nicht deren Trottel. **Lehnen Sie die Vorstellung ab, Erfolg sei schwer. Das ist er nämlich nicht.** Menschen, die meinen, Erfolg sei schwer, wollen, dass er schwer ist. Sie wollen, dass Erfolg schwer ist, damit sie einen Grund haben, erfolglos zu sein. Das ist ihre wichtigste Ausrede. Wenn Sie zu den Menschen gehören, die Erfolg für schwer halten, dann ist das der Grund, weshalb Sie bisher nicht erfolgreich sind.

31. August

Um ein guter Elternteil und ein Vorbild für Ihre Kinder zu sein, müssen Sie über Ihre eigene Erziehung hinausgehen. Sie müssen über Ihre Ängste und Vorurteile hinwegkommen, damit Sie sie nicht an Ihre Kinder weitergeben. Sie werden auch ohne Ihre Hilfe eigene Ängste und Vorurteile ausbilden.

Befreien Sie Ihre Kinder von Ihrer Vergangenheit.

1. September

Die Wahrheit tut weh; daran erkennen Sie, dass es die Wahrheit ist.

Wenn jemand zu Ihnen kommt und etwas richtig Nettes sagt, lügt er Sie wahrscheinlich an!

2. September

Wenn man den Menschen sagt, Leidenschaft sei der Schlüssel zum Erfolg, erweist man ihnen einen Bärendienst. Später werden sie irgendwann entdecken, dass sich niemand um ihre Leidenschaft kümmert oder sie teilt. Sie werden merken, dass sie zwar leidenschaftlich sind, dass sie sich aber nicht die Mühe gemacht haben, wirklich gut zu werden, dass sie nichts über Verkauf, Marketing, Menschenführung, Management, Finanzen, die Konkurrenz, den Dienst am Kunden und die ganzen anderen Facetten eines erfolgreichen Lebens oder Geschäfts wissen. Sie sind leidenschaftlich, aber sie sind leidenschaftlich inkompetent. Ihnen fehlen die Fähigkeiten für hervorragende Leistungen. Alles, was sie haben, ist ihre Leidenschaft.
Versuchen Sie die mal auf der Bank einzulösen.

3. September

Motivationsgurus verdienen Berge von Dollar damit, dass sie uns sagen, eine positive Einstellung sei der Schlüssel zum Erfolg. Man kann noch so positiv eingestellt sein und trotzdem definitiv falsch liegen, definitiv faul und definitiv dumm sein.

Ich habe nicht immer eine tolle Einstellung. Tatsächlich habe ich oft eine richtig beschissene Einstellung. Das macht mich zum echten Menschen. Etwas geht schief und beeinträchtigt meine Einstellung. Zum Glück werde ich nicht für meine positive Einstellung bezahlt. Sie werden auch nicht für Ihre tolle Einstellung bezahlt. **Sie werden dafür bezahlt, dass Sie Ihren Job machen.** Ich nehme Herrn „Beschissen Eingestellt“, der seine Arbeit macht, und Sie können Herrn „Positiv“ haben, der meint, es gebe keine Probleme, sondern nur Chancen. Ich halte mich an den Mann, der ein Problem erkennt, wenn er es sieht, der sich darüber aufregt und es löst!

4. September

Beziehen Sie Stellung.
Hinterlassen Sie deutlichere Zeichen und Spuren. Machen Sie bei Ihren Erwartungen, Ihren Standards und Ihren Werten keine Kompromisse.

5. September

Arbeiten Sie, wenn die anderen nicht da sind: während der Mittagspause, bevor die anderen kommen und nachdem sie gegangen sind.

Menschen lenken ab – meiden Sie sie, wenn Sie etwas Wichtiges erledigen müssen.

6. September

Sie wollen im Haushalt mehr schaffen?

Kommen Sie in die Gänge.

Wenn Sie auf Ihrem Hintern sitzen bleiben, kriegen Sie sehr wenig geregelt. Das ist ein einfacher Vorschlag, und wahrscheinlich lachen Sie jetzt darüber, aber da müssen Sie mir vertrauen. Sie werden eine Zeitschrift sehen, die aufgeräumt werden muss, ein Kissen, das glattgestrichen gehört, einen Tisch, der abgestaubt werden muss oder Kleider, die gewaschen oder zusammengelegt werden müssen. Sie würden diese Dinge nicht sehen, wenn Sie vor dem Fernseher auf Ihrem Hintern sitzen.

Kommen Sie in die Gänge und schauen Sie sich um.

7. September

Nehmen Sie auf Reisen kein Kissen mit. Menschen, die auf Reisen ihr eigenes Kissen mitnehmen, sind Idioten. Als gäbe es dort, wo sie hinfahren, keine Kissen! Ich reise seit fast 20 Jahren an 250 Tagen im Jahr. Ich habe in Hotels in Städten auf der ganzen Welt übernachtet und bis jetzt gab es überall, wo ich war, Kissen. „Aber ohne mein eigenes Kissen kann ich nicht schlafen!“ Werden Sie erwachsen, Sie Riesenbaby, Sie sind keine zwei Jahre alt! Lassen Sie Ihr zerlumptes Kissen mit dem Erdbeerkuchen-Bezug auf Ihrem Bett und reisen Sie wie ein Erwachsener.

8. September

Kluge Menschen umgeben sich selten mit dummen Menschen, außer wenn sie mit ihnen verwandt sind. Das gilt auch dafür, wie gesund und wie glücklich Sie sind. Dicke Menschen haben normalerweise mit anderen dicken Menschen zu tun. Glückliche Menschen verbringen ihre Zeit mit anderen glücklichen Menschen – deshalb sind sie glücklich; es fällt schwer, glücklich zu sein, wenn man mit jammernden, traurigen, wütenden Menschen zu tun hat! Sie verstehen, was ich meine? Haben Sie mit der Sorte Mensch zu tun, die Sie sein wollen? Wenn nicht, lassen Sie sie sausen und finden Sie neue Menschen, mit denen Sie sich umgeben. Übrigens: Wenn Ihre Freunde anfangen, Sie sausen zu lassen, dann liegt das wahrscheinlich daran, dass Sie das hier lesen und Sie nicht mehr als Freund wollen.

9. September

Seien Sie zuversichtlich.

Es gibt niemanden, den Zuversicht nicht anzieht. Frauen stehen darauf. Männer lieben das.

Zuversicht lässt Haare wachsen, macht zehn Pfund weg und zehn Jahre jünger.

10. September

Dicke Mamas und Papas haben dicke Kinder. Leute, die nicht lesen, haben Kinder, die nicht lesen. Eltern, die mehr Geld ausgeben als sie verdienen, ziehen Kinder groß, die mehr Geld ausgeben als sie verdienen. Kinder aus einem Haushalt, in dem die Eltern hart arbeiten und pünktlich ihre Rechnungen bezahlen, tun das am Ende normalerweise auch. Kinder, die gesehen haben, dass ihre Eltern mit Genuss Bücher lesen, werden später normalerweise Leser. **Ihre Kinder spiegeln Ihr Bild wider.** Was für ein Bild liefern Sie ihnen?

11. September

Erwarten Sie von Ihren Kindern keine Perfektion, vor allem nicht in Sachen Schulnoten. Verlangen Sie von ihnen, dass sie ihr Bestes geben, egal wie das aussieht, und seien Sie damit zufrieden. Bringen Sie Ihren Kindern bei, mit ihrem Besten ebenfalls zufrieden zu sein. **Der Beste zu sein ist nicht wichtig, sein Bestes zu geben aber schon.**

12. September

Was ist das Schlimmste, was passieren könnte?

Diese Frage stelle ich mir immer, wenn ich Angst davor habe, etwas zu tun. Wenn das Schlimmste lautet „ich werde sterben“, dann tue ich es nicht. Aber das ist bei den Dingen, die ich versuche, selten ein möglicher Ausgang. Das Schlimmste, was passieren kann, ist normalerweise, dass ich das nicht so gut mache, wie ich gehofft hatte. Oder dass ich mich in Verlegenheit bringe. Aber ist das wirklich so schlimm? Wenn ich es tue, es jedoch schlecht mache, dann ist das immer noch besser, als wenn ich es gar nicht versucht hätte. Deshalb gehe ich es an.

Daran, dass Sie nach mehr Erfolg, Glück oder Wohlstand streben, werden Sie nicht sterben. Fragen Sie sich selbst: „Was ist das Schlimmste, was passieren könnte?“ Und dann gehen Sie es an. Nebenbei gesagt passiert das Schlimmste, was passieren könnte, sowieso selten.

13. September

Lesen Sie Packungsbeschriftungen.

Nehmen Sie weniger Fett, Salz, Kalorien und Produkte mit Inhaltsstoffen, die Sie nicht aussprechen können.

14. September

In dem Großen Plan **bedeutet Versagen wenig.**
Jedenfalls bedeutet es nicht, dass Sie ein Versager sind;
es bedeutet nur, dass Sie diesmal bei diesem Versuch versagt haben.
Machen Sie weiter, dann schreiben Sie vielleicht Geschichte.

15. September

Schalten Sie den Fernseher aus.

Nehmen Sie sich vor, nur ein paar Stunden ohne laufenden Fernseher zu verbringen. Beruhigen Sie sich; es sind nur ein paar Stunden! Von einem schwarzen Bildschirm kann man sich kaum ablenken lassen. Vielleicht meinen Sie, Sie würden durchdrehen, aber ich verspreche Ihnen, dass das nicht passiert. Am Ende arbeiten Sie vielleicht etwas, treiben Sport, unterhalten sich oder – so wage ich zu behaupten – lesen gar ein Buch.

16. September

Kennen Sie die Freunde Ihrer Kinder und lassen Sie sie in Ihr Haus kommen. Lieber hat man das Haus voller wilder Kinder, als sich zu fragen, wo das Kind ist.

17. September

Machen Sie sich nicht zum Narren, wenn Ihr Kind an einer Sportveranstaltung teilnimmt. Wenn Sie zu sehr sein Fan sind, ist das für das Kind peinlich, für Sie und für alle, die Sie sehen. Deshalb dürfen Sie weder der anderen Mannschaft noch den Trainern noch anderen Eltern oder Vereinsleuten auf den Geist gehen.

18. September

Tragen Sie im Zweifelsfall Schwarz. **Schwarz passt immer.** Darin sehen Sie reicher, eleganter und vor allen Dingen schlanker aus. Nebenbei gesagt wissen die Frauen das schon lange, nur teilen sie diese wertvolle Information nicht mit den Männern. Sie haben uns nie gesagt, dass „er" kleiner wirkt, wenn wir ihn in Schwarz packen (deshalb habe ich keine schwarze Unterwäsche).

19. September

Hier ein einfacher Plan, mit dem Sie Ihre Ergebnisse verändern können: Machen Sie irgendetwas anders als bisher.

Sehen Sie sich diese Zeile noch einmal an, denn sie ist wichtig: **Machen Sie irgendetwas anders** als bisher.

Ich meine irgendetwas. Wenn Ihr Leben nicht so läuft, wie Sie wollen, ist jede Veränderung eine positive Veränderung. Jede Änderung Ihres Handelns führt zu einer Veränderung Ihrer Ergebnisse.

20. September

Ausbildung und Weiterbildung bringen nur etwas,

wenn die Menschen etwas lernen wollen.

Am meisten wollen die Menschen lernen, wenn am meisten auf dem Spiel steht und wenn sie viel zu verlieren haben, falls sie nichts lernen.

21. September

Wenn Sie etwas vermasselt haben, **ist es wichtig, dass Sie sich nicht zu lange in Ihrem Elend suhlen.** Lecken Sie durchaus Ihre Wunden, aber kommen Sie schnell darüber hinweg. Sie müssen weitermachen.

Genauso wichtig ist dieses Konzept, was Erfolge angeht. Suhlen Sie sich auch nicht zu lange in Ihren Erfolgen. Viele Menschen haben ein Erfolgserlebnis und ruhen sich dann auf ihren Lorbeeren (oder auf ihrem Hintern) aus; sie feiern ihre Erfolge zu sehr.

Am besten fängt man dann mit einem neuen Projekt an, wenn man von dem Sieg aus dem letzten Projekt noch in Hochstimmung ist.

22. September

Man kann den Menschen nicht beibringen, wie man das Richtige tut, ohne ihnen vorher beizubringen, wie man aufhört, das Falsche zu tun. Sie werden erst wissen, dass sie das Falsche tun, wenn sie die negativen Konsequenzen ihres Verhaltens spüren. Wenn sie sich der negativen Konsequenzen bewusst werden und begreifen, dass ihr Handeln diese Konsequenzen erzeugt hat, dann fangen sie an, zu begreifen, worin das falsche Handeln besteht, und sind eher bereit, sich zu ändern.

23. September

Konzentrieren Sie sich auf das, was Sie in diesem Moment tun müssen.
Es wird zu viel Zeit mit Kummer über vergangenes Geschehen oder mit Grübeln darüber verbracht, was in der Zukunft geschehen könnte. Die Vergangenheit ist vergangen. Sie ist an Ihnen vorbeigegangen und sie ist vorüber, gehen Sie also weiter. Vielleicht wird die Zukunft ja gar nicht so schlimm, wie Sie sie sich vorstellen.

Konzentrieren Sie sich auf die Gegenwart.

Das zählt für Sie – und sonst nichts.

24. September

Handeln ist wie ein Ball, der bergab rollt. **Der Schwung wird immer größer.** Wenn Sie anfangen, führt eine Handlung zur nächsten, diese Handlung führt wieder zur nächsten, und bevor Sie es überhaupt merken, haben Sie etwas Bedeutendes geleistet.

25. September

Zu lernen, Verantwortung für alles zu übernehmen, was Sie sind, für alles, was Sie tun und für alles, was Sie haben – das ist die größte Herausforderung, vor der Sie in Ihrem Leben je stehen werden. Bevor Sie diesen bedeutenden Schritt nicht unternehmen, wird es Ihnen nichts bringen, Ihre Suche nach Erfolg fortzusetzen.

26. September

Egal wie viel Sie studieren, wie viel Sie lernen und wie viel Sie schon wissen – wahrscheinlich sind Sie überzeugt, Sie wüssten immer noch nicht genug, um Ihr Ziel zu erreichen. Da haben Sie recht.

Sie wissen nicht alles, was nötig ist, um Ihr Ziel zu erreichen. Aber Sie wissen genug, um anzufangen. Das ist alles, was Sie wirklich zu wissen brauchen – einfach genug für den Anfang.

27. September

Irgendwann wollen Ihre Kinder Kleider tragen, die Sie bizarr finden. Sie werden seltsame Frisuren haben. Sie versuchen einfach, sich selbst zu entdecken und einmalig zu sein. Machen Sie sich darum nicht allzu viele Sorgen. Grüne Haare wachsen wieder heraus. Sie werden ihr bizarres Äußeres ablegen, wenn sie da herauswachsen. Also denken Sie daran: **Das wächst sich aus.**

28. September

Eine Reise anzutreten und sie nicht zu beenden ist verzeihlich. **Eine Reise gar nicht erst anzutreten** unverzeihlich.

29. September

Wenn Sie bei Ihrem Hund, Ihrem Kind, Ihrem Mitarbeiter oder bei andern über schlechtes Verhalten hinwegsehen, dulden Sie dieses Verhalten. Dadurch werden Sie zum Mittäter.
Wenn Sie und ich eines Abends ausgehen würden und Sie würden beschließen, jemanden auszurauben, während ich neben Ihnen stehe, und ich würde nichts unternehmen, um Sie daran zu hindern, würde mich ein Gericht der Mittäterschaft für schuldig befinden. Wenn Sie schlechtes Verhalten anderer Menschen dulden oder übersehen, sind Sie vor meinem Gericht genauso schuldig wie sie.
Wenn Sie zulassen, dass Ihr Hund mich beißt, sind Sie derjenige, der die Konsequenzen tragen muss. Wenn Ihr Kind mir

mit einem Stein eine Fensterscheibe einwirft, bezahlen Sie die Strafe und ersetzen das Fenster. Wenn Ihr Mitarbeiter mich schlecht behandelt, bezahlen Sie den Preis, indem Sie einen Kunden verlieren. Sie bezahlen letztlich, weil Sie für Ihre Welt verantwortlich sind. Sie sollten Ihre Welt unter Kontrolle haben.

30. September

Ich bin ein großartiger Kunde. Wenn Sie mich gut behandeln, lasse ich das alle Welt wissen. Wenn Sie mich schlecht behandeln, sage ich Ihnen das, verlange Ihren Vorgesetzten, erkläre genau, was nicht in Ordnung war und wie Sie mich hätten besser behandeln können (auch das macht mich zum großartigen Kunden). Wenn Sie sich entschuldigen, nachdem Sie mich angehört haben, wenn Sie versuchen nachzubessern und mir für den Hinweis auf das Problem danken, gehe ich wieder und bin nicht nachtragend. Vielleicht komme ich nicht wieder und gebe Ihnen eine zweite Chance, mit mir ein Geschäft zu machen, aber vielleicht doch. Aber wenn Sie grob oder apathisch auf mein Feedback reagieren, lasse ich auch das alle Welt wissen.

Sie sollten das genauso machen. Wenn Sie schlecht bedient werden, **weisen Sie darauf hin.** Wenn Sie prima bedient werden, **sagen Sie es weiter!**

1. Oktober

Wir sind zu einer Nation von Zuschauern geworden.
Es ist leichter, sich im Fernsehen *Friends* anzusehen, als im richtigen Leben ein Freund zu sein. Es ist leichter, sich im Fernsehen anzusehen, wie Menschen abnehmen, als selbst seinen riesigen Hintern hochzukriegen und abzunehmen. Und sicher ist es einfacher, jemandem zuzusehen, wie er ein Zimmer streicht oder seine Schränke ausmistet, als das selbst zu machen. Es ist sogar leichter, einer Fernseh-Nanny dabei zuzusehen, wie sie die ungezogenen Kinder anderer schlechter Eltern zurechtweist, als seine eigenen Kinder zu disziplinieren.
Die meisten Menschen finden sich mit weit weniger ab, als sie müssten, weil sie einfach zu faul sind, auf das hinzuarbeiten, was sie wirklich wollen. Auf der Arbeit machen sie ihren Job halbherzig und wenn sie heimkommen, bringen sie wenig Mühe auf, ihren Traum zu leben. Leben, Glück, Wohlstand und Erfolg, sie alle erfordern Mühe.

Wenn es Ihnen leicht vorkommt, gehen Sie in die falsche Richtung. Schauen Sie nicht mehr zu, wie die Welt an Ihnen vorbeizieht; beteiligen Sie sich daran. Erfolg verlangt Anstrengungen.

2. Oktober

Ich hasse Geburtstagsfeiern in der Firma.

Man versammelt sich im Pausenraum um irgendeine blöde Torte, stellt ein breites Lächeln zur Schau und singt für irgendjemanden „Happy Birthday“, in dem Wissen, dass man ein besseres Leben hätte, wenn diese Person nie geboren worden wäre!

Übrigens habe ich heute Geburtstag … fasst euch alle bei den Händen und singt!

3. Oktober

Je **mehr** Haut Sie haben,
umso **weniger** sollten oder
wollen wir anderen davon sehen.

4. Oktober

Wenn Sie in einem Haus aufwachsen, in dem die Familie nicht arbeitet und erwartet, dass der Staat für sie sorgt, anstatt sich einen Job zu suchen und sich den Lebensunterhalt selbst zu verdienen, verbringen Sie wahrscheinlich nicht viel Zeit mit Arbeiten. Sie verbringen Ihre Tage eher damit, im Briefkasten nachzusehen, ob der Scheck schon da ist. Dahin kommen wir mit Sozialhilfe-Empfängern in der fünften Generation.

Wenn Sie in einem Haus aufwachsen, in dem die Menschen eine **hohe Arbeitsmoral** haben, ein **Gefühl für Anstand** haben und **ihre Rechnungen pünktlich bezahlen**, stehen die Chancen gut, das Sie auch so ein Mensch sind.

5. Oktober

Hören Sie auf, neutral zu sein. **Haben Sie eine Meinung. Stehen Sie dazu.** Äußern Sie sich dazu. Vor allem, was die Erziehung Ihrer Kinder angeht. Ihre Kinder verlassen sich auf Ihre Führung. Sie wollen hören, was Sie über das Leben, über Religion, Sex, Drogen, Geld und andere wichtige Dinge zu sagen haben. Spornen Sie sie an, auch die Meinung anderer Menschen zu diesen Themen zu erfahren. Dann sprechen Sie mit ihnen darüber, weshalb Sie an das glauben, was Sie glauben.

6. Oktober

Beschneiden Sie niemandes Freiraum. Sie haben Freiraum verdient.

7. Oktober

Ein Mensch, dem es egal ist, wer die Anerkennung bekommt, hat noch nie Anerkennung bekommen, denn sein Beitrag war die Anerkennung nie wert. Wenn Sie einmal Anerkennung für eine herausragende Leistung bekommen haben, werden Sie nie sagen, das sei egal.

8. Oktober

„Ein fauler Apfel kann den ganzen Korb verderben“. Was Angestellte angeht, stimmt das auf jeden Fall. Aber bedenken Sie auch: Der ganze Korb kann auch keinen faulen Apfel retten. **Opfern Sie nie dem einen faulen Apfel den ganzen Korb.** Der einzig richtige Umgang mit dem faulen Apfel: Wegwerfen.

9. Oktober

Nichts ist enttäuschender als festzustellen,
dass man etwas außerordentlich gut kann,
das überhaupt nicht gebraucht wird.

10. Oktober

Motivation funktioniert nicht. Sie können drohen, drängen, Versprechungen machen, mit Geld, Freizeit und sonstigen Mohrrüben jedweder Größe, Form und Farbe winken, aber es läuft immer auf eines hinaus: Die Menschen tun, was sie wollen und wann sie wollen; und wenn die Konsequenzen für den Fall, dass sie es nicht tun, so schmerzhaft werden, dass sie gezwungen sind, es zu tun.

11. Oktober

Ihre Kinder sind Ihre Schuld. Sie existieren aufgrund Ihrer Taten. Was aus Ihnen wird, ist Ihre Schuld. Wenn sie dick sind, ist das Ihre Schuld. Wenn sie nicht lernen, ist das Ihre Schuld. Sie haben die Kontrolle über sie. Sie gehören zu Ihnen und sie unterliegen vollständig Ihrer Verantwortung. Sie sind der Erwachsene und Ihr Kind ist Ihr Kind. Sie sind die Führungskraft, der Manager und der Chef. Denken Sie immer an diese Befehlskette. Sie müssen das Beispiel abgeben, dem Ihre Kinder folgen.

Für das nächste Mal, wenn Sie sich fragen, wieso Ihre Kinder so sind, wie sie sind, habe ich einen Tipp: Schauen Sie in den Spiegel. Ihre Kinder spiegeln immer das Verhalten wider, das Sie Ihnen als akzeptabel gezeigt haben. Ihre Kinder sind kleine Ausgaben von Ihnen.

12. Oktober

Die Geschwindigkeit des Führers
bestimmt die Geschwindigkeit der Meute.
Diese Regel gilt für Hundeschlitten-Rennen,
Unternehmen und Familien.

13. Oktober

Die Amerikaner sagen überheblich, dass sie von den offiziellen Volksvertretern Ehrlichkeit und Integrität verlangen, aber 20 Prozent von ihnen schummeln bei den Steuern. Scheinheilig? Meinen Sie? Die Menschen lügen. Millionen von Amerikanern haben hinsichtlich ihres Verdienstes gelogen, damit sie sich ein Haus kaufen durften, von dem sie wussten, dass sie es sich nicht leisten konnten, und das sie auf keinen Fall hätten kaufen sollen. Irgendwann konnten sie das Haus nicht mehr halten und gaben den Kredithaien oder der Konjunktur die Schuld. Doch weder die Konjunktur noch die Kreditgeber haben sie in Schwierigkeiten gebracht; das war die Lüge. Unsere Politiker lügen, aber wir wählen sie wieder. Wir belohnen ihre Lügen mit einer weiteren Amtszeit.

Die Lüge grassiert in unserer gesamten Gesellschaft auf allen Ebenen. Wenn jemand sagt, er kommt um zwölf, und um drei ist er noch nicht erschienen, dann ist er ein Lügner. Wenn Sie ihn ungeschoren lassen, belohnen Sie ihn für seine Lüge. Wenn Ihre Tochter sagt, sie ist nach ihrer Verabredung um zehn Uhr abends wieder zu Hause – die Zeit, die Sie ihr erlaubt haben –, aber sie tut es nicht, dann hat Ihre kleine Prinzessin Sie belogen und ist eine Lügnerin, so leid es mir tut. Wenn Sie keine Konsequenzen folgen lassen, belohnen Sie ihre Lüge. Wenn Sie sich von Menschen anlügen lassen und sie keine Konsequenzen spüren lassen, sind Sie genauso schuldig wie sie. Wenn Sie lügen, rechnen Sie mit Konsequenzen und akzeptieren Sie sie.

14. Oktober

Geld regiert die Welt. Sie können etwas dagegen haben, aber das bringt nichts. Sie können mir von dem Bösen und der Korruption erzählen, die Geld mit sich bringt, aber das ist mir egal. Geld bewirkt mehr Gutes als Schlechtes. Geld ernährt Menschen und von Geld werden Krankenhäuser gebaut. Von Geld werden Kirchen gebaut, und sogar Kirchen für die frömmelnden Kleingeister, die auf den Rest der Welt herabschauen, weil er das Geld zu wichtig nimmt.
Ich war einmal in einer Radiosendung zu Gast, bei der ich über Schulden befragt wurde. Ein Mann rief an und sagte, meine Ideen wären ja gut, aber ich hätte Jesus ausgelassen. Ich sagte: „Was?" Und er sagte: „Solange du deine Hand in Jesu Hand legst, ergeht es dir wohl." Ich fragte ihn, ob er finanzielle Probleme habe oder mit seinen Kreditkarten-Zahlungen im Rückstand sei. „Ja", war seine Antwort. Und ich sagte: „Ich nehme an, als Sie das letzte Mal im Einkaufszentrum nach Ihrer Kreditkarte gegriffen haben, mussten

Sie dafür Jesu Hand loslassen, oder? Ziehen Sie Jesus nicht in Ihre Dummheit hinein! Jesus hat Sie nicht dazu gebracht, dass Sie mehr Geld ausgeben, als Sie verdienen. Jesus trifft daran keine Schuld. Das haben Sie ganz allein gemacht!" Wenn solche Leute in Geldnot geraten, weil sie mehr ausgegeben haben, als sie sollten, weil sie ein zu großes Haus gekauft haben oder weil sie ihre Raten nicht mehr bezahlen können, dann wollen sie, dass Jesus sie rettet. Knie nieder und bete zu Gott, dass er dir aus der Geldnot hilft! Ja doch, das ist bestimmt sinnvoll! Ich sehe darin eine immense Beleidigung für Gott. Ich habe zwar keine Ahnung, was Gott dazu sagen würde, oder ob sie überhaupt etwas dazu sagen würde, aber ich könnte mir vorstellen (und ich hoffe es), dass Gott vielleicht sagt: „Du hast dich in diesen Schlamassel hineingebracht und du kannst dich auch wieder herausbringen."

15. Oktober

Unter allen Menschen, von denen Sie glauben, sie würden Sie niemals verlassen, sind **Sie** der einzige, der es wirklich nicht tut.

16. Oktober

Ich habe nur zwei Vorurteile: dumm und dick. Das sind meine einzigen, weil man bei beiden die Wahl hat. Diskutieren Sie nicht mit mir; man hat die Wahl. **Dummheit ist eine Entscheidung:** Lesen Sie ein Buch! Was das Dicksein angeht: Jammern Sie nicht wegen Ihrer Drüsenprobleme, denn an denen liegt es einfach nicht! Das kann nicht einmal jeder Tausendste auch nur ansatzweise als Entschuldigung anführen. Und geben Sie nicht Ihren Genen die Schuld. Wahrscheinlich passen Sie seit Jahren nicht mehr in Ihre Jeans! Menschen sind dick, weil sie sich dafür entscheiden. Punkt.

Haben Sie jemals durch Zufall etwas gegessen? Nein, Sie haben sich dafür entschieden, etwas zu essen. Niemand hat Ihnen eine Pistole auf die Brust gesetzt. Sie sind ins Geschäft gegangen, haben etwas in Ihren Korb getan, es bezahlt, es gekocht und es sich ins Gesicht gestopft. Sie sind ins Restaurant gegangen, haben sich auf der Speisekarte etwas ausgesucht und dafür bezahlt, dass Sie es gegessen haben. Ihre Entscheidungen haben Sie dick gemacht – und sonst nichts.

17. Oktober

Teamarbeit funktioniert nicht, weil immer einer im Team nicht funktioniert.

18. Oktober

Wenn Sie einen Angestellten haben, sind Sie dafür verantwortlich, ihn zu beobachten und Ihre Meinung über das Verhalten des Mitarbeiters umzusetzen. Wenn Ihnen das Verhalten des Mitarbeiters nicht gefällt, sollten Sie das ansprechen und daran arbeiten, bis es so ist, wie Sie es haben möchten. Schließlich bezahlen Sie ja dafür. Wenn Sie das Verhalten nicht beheben können, finde ich, dass Sie den Mitarbeiter entlassen sollten, damit er irgendwo hingehen kann, wo sein Verhalten besser zum Job passt als bei Ihnen.

Ich will aber sichergehen, dass es dabei um das Verhalten des Mitarbeiters geht und nicht um seine Person. Wenn Sie ihn persönlich nicht mögen, tut das nichts zur Sache; Sie bezahlen nicht für Persönlichkeit. Sie bezahlen für die Leistung der Person … Punkt. Managen und beurteilen Sie den Wert eines Mitarbeiters anhand von Leistung – nicht anhand der Person.

19. Oktober

Wenn Ihr Kind Mist baut (und das wird es), greifen Sie nicht das Kind an. Greifen Sie nur das Verhalten des Kindes an, so wie Sie es bei jedem anderen Familienmitglied tun würden. Gute Menschen machen auch mal dumme, idiotische Sachen. **Greifen Sie das Handeln oder die Leistung an, aber nicht die Person.**

20. Oktober

Am Auto-Schalter der Bank: Machen Sie Ihre Unterlagen fertig, bevor Sie hinfahren. Wagen Sie es nicht, hinzufahren und erst in der Schlange Ihre Unterlagen auszufüllen, oder noch schlimmer, wenn Sie schon am Schalter stehen. Sie halten die Schlange auf und lassen uns andere warten, weil Sie zu ungehobelt und unsensibel sind, sich um Ihre Angelegenheiten zu kümmern, bevor Sie an den Schalter fahren! Mir stinkt es, wenn ich hinter Deppen feststecke, die meinen, andere Leute hätten nichts Besseres zu tun, als hinter ihrem armseligen Hintern zu warten. Das ist ungehobelt!

21. Oktober

Gehen Sie hin und üben Sie Rache. Wenn Sie guten Service bekommen, erzählen Sie anderen Menschen davon. Bedanken Sie sich bei der Person, die Ihnen den Service geliefert hat und setzen Sie sich dann mit dem Vorgesetzten in Verbindung, um ihn über den guten Service zu informieren, den Sie bekommen haben. Wenn Sie schlechten Service bekommen, seien Sie höflich, aber versäumen Sie nicht, jemanden davon in Kenntnis zu setzen. Seien Sie konkret. Werden Sie nicht grob, regen Sie sich nicht auf, schimpfen Sie nicht und verlieren Sie nicht die Beherrschung. Aber kneifen Sie auch nicht. Seien Sie stark und tragen Sie Ihr Anliegen vor. Sagen Sie dem Betreffenden einfach, was schiefgelaufen ist, und erklären Sie, was Sie eigentlich erwartet hätten. Wenn sich die Schuldigen entschuldigen und nachzubessern versuchen, seien Sie freundlich, nehmen Sie die Entschuldigung an und gehen Sie weiter. Machen Sie sich klar, dass das vielleicht eine Ausnahme war

und nicht die Regel. Entscheiden Sie dann, ob Sie den Betreffenden eine zweite Chance geben oder nicht.
Wenn Sie eine grobe Antwort bekommen, wenn sich niemand entschuldigt oder versucht, irgendwie nachzubessern, rächen Sie sich, indem Sie allen davon erzählen, die Sie kennen. Wenn das Ärgernis groß genug ist, wenden Sie sich an den Verbraucherschutz. Tun Sie, was Sie können, um sich dafür zu rächen, dass von Ihnen Bezahlung für schlechten Service erwartet wurde. Seien Sie fair, aber üben Sie Vergeltung. Machen Sie sich stark und helfen Sie uns anderen, indem Sie Ihren Beitrag dazu leisten, von allen Parteien, denen Sie Geld geben, guten Service zu verlangen. Bitte kneifen Sie nicht und lassen es schleifen. Der Kundenservice verbessert sich nur, wenn sich genug Leute weigern, schlechten Service zu akzeptieren. Solange die Menschen „Schafe" sind und schlechten Service akzeptieren, ohne darauf hinzuweisen, so lange wird der schlechte Service bleiben. Wenn wir alle nicht mehr bereit sind, etwas anderes als guten Service zu akzeptieren, dann bekommen wir nur noch guten Service. Übrigens: Denken Sie auch an dieses Konzept, wenn sich ein

Kunde über den Service beschwert, den Sie bieten. Bedanken Sie sich, entschuldigen Sie sich und bessern Sie nach. Bitten Sie um eine zweite Chance, guten Service zu liefern.

22. Oktober

Konzentrieren Sie sich auf die Bewältigung von Aufgaben. Schaffen Sie sich den Ruf, Nägel mit Köpfen zu machen.

23. Oktober

Es ist nicht Sache des Schulsystems, dafür zu sorgen, dass Ihre Kinder erzogen werden – **das ist Ihre Sache.** Sie müssen dafür sorgen, dass Ihre Kinder lernen, richtig zu sprechen, zu addieren und zu subtrahieren und mit Geld umgehen. Es ist Ihre Aufgabe, Ihren Kindern etwas über das Leben, über Sex, über Beziehungen, über den Umgang mit anderen beizubringen, und darüber, wie man erfolgreich wird. Wälzen Sie die Erziehung Ihrer Kinder nicht ausschließlich auf das Schulsystem ab. Letztlich sind Sie dafür verantwortlich.

24. Oktober

Nörgeln Sie nicht an Ihren Kindern herum. Drohen Sie Ihren Kindern nicht. Sagen Sie ihnen, was Sie von ihnen erwarten. Erklären Sie ihnen, welche Konsequenzen es hat, wenn sie nicht tun, was Sie ihnen gesagt haben. Dann sagen Sie ihnen, dass Sie auf ihre Fähigkeit und Bereitschaft vertrauen, das zu tun. Wenn sie tun, was Sie verlangt haben, sprechen Sie ein Wort des Lobes und der Anerkennung. Wenn sie es nicht tun, ermahnen Sie sie freundlich. Wird es dann nicht gemacht, ziehen Sie die Konsequenzen. Auf diese Art bildet man Verhalten. So gibt man ein gutes Beispiel ab. So bildet man den Charakter. Das ist gute Kindererziehung.

25. Oktober

Superstar-Mitarbeiter stellen irgendwann ihre eigenen Regeln auf, weil ihre Leistungen ihnen das Recht dazu geben. Mittelmäßige Mitarbeiter bekommen dieses Privileg nicht, weil ihre Leistungen mittelmäßig sind.

26. Oktober

Warum arbeiten Sie? Warum ich arbeite, weiß ich. **Ich arbeite wegen Geld.** Punkt. Nach einem Vortrag, den ich kürzlich gehalten habe, kam der Präsident des Unternehmens zu mir und sagte mir, wie glücklich ich sei, dass ich meine Leidenschaft derart ausleben könne. Ich fragte ihn, was er damit meine, und er sagte: „Ihr Vortrag. Das ist Ihre Leidenschaft; das merkt man." Ich sagte darauf: „Danke, aber dieser Vortrag ist nicht meine Leidenschaft. Dieser Vortrag ist mein Job. Ich mache meine Arbeit zwar gut und es freut mich, dass Ihnen meine Arbeit gefallen hat, aber was Sie gerade erlebt haben, ist alles andere als meine Leidenschaft. Es macht mir zwar Spaß, Vorträge zu halten, aber das ist nicht meine Leidenschaft."

Er wollte mir nicht glauben. Ich sagte ihm, meine Leidenschaft seien meine Frau, meine Jungs, meine Bulldoggen und meine Freizeit. Ich sagte ihm, dass ich leidenschaftlich gern auf der Terrasse hinterm

Haus sitze, in der linken Hand einen edlen Scotch, in der rechten Hand eine großartige Zigarre, mit meiner Bulldogge Ralph auf dem Schoß und meiner Frau an meiner Seite; wir sehen uns den Sonnenuntergang an und im Hintergrund läuft Merle Haggard. Derartiges mache ich mit Leidenschaft. Der Rest ist Arbeit. Was ich tue, tue ich für Geld. Ich tue das, damit ich das Leben bezahlen kann, das ich liebe. Ich tue das, um möglichst viele Abende zu finanzieren, an denen ich auf meiner Terrasse sitze. Deshalb arbeite ich. Wie ist das bei Ihnen?

27. Oktober

Man kann nicht dadurch reich werden, dass man andere Menschen kurz hält.

Teilen Sie Ihren Wohlstand.

28. Oktober

Einer meiner Lieblingsfilme mit John Wayne ist *The Shootist – Der letzte Scharfschütze*. J.B. Books, die Figur, die Wayne in dem Film spielt, lebt nach einem Verhaltenskodex: „Ich lasse mich nicht belügen. Ich lasse mich nicht beleidigen. Und ich lasse mich nicht anfassen. Ich mache das nicht mit anderen und erwarte für mich das Gleiche."

Ich liebe diesen Kodex. Er ist klar. Er ist männlich. Er ist ehrenwert. Er ist gegenseitig. Er ist fair.

Meiner lautet: Ich tue, was ich kann, um stets echt zu sein. Ich behandle andere entsprechend ihren Handlungen fair. Ich bin freigebig mit allem, was ich habe. Ich liebe die Menschen genug, um ihnen die Wahrheit zu sagen. Ich lasse mich nicht belügen und dulde keinerlei Beschimpfungen. Aber ich glaube, ich nehme den von John Wayne noch zu meinem dazu.

Was ist Ihr Kodex? Sie haben keinen? Das erinnert mich an das alte Sprichwort: „Wenn du für nichts stehst, wirft dich alles um."

29. Oktober

Teenager. Gott möge sie lieben! Ich sage das, weil es Zeiten gibt, zu denen womöglich nur Gott sie lieben kann. Als mein Sohn Tyler ein Teenager war, habe ich ihm einmal gesagt, ich würde ihn lieben, aber ich könnte ihn nicht ertragen. Kennen Sie das? Hier ein Wort der Ermunterung: Das wächst sich aus. Gott sei Dank!

30. Oktober

Tun Sie das, was Sie für das Richtige halten.

Machen Sie sich nichts vor; Sie wissen immer, was richtig ist. Das Richtige ist selten das Leichte.

31. Oktober

Was soll man einmal über Sie sagen, wenn Sie gestorben sind? Dass Sie ein richtiger Draufgänger waren? Ein Workaholic? Dass Sie immer Ihr Soll geschafft haben? Eine richtige Drecksau? Eine Klatschbase? Vielleicht sagen Sie, das ist Ihnen egal, weil Sie dann ja tot sind. Verstehe ich. Mich interessiert es trotzdem, was die Menschen sagen, wenn ich nicht mehr bin. Ich wäre begeistert, wenn meine Jungs sagen würden, ich war ein toller Papa. Ich möchte, dass meine Frau sagen kann, ich habe sie geliebt und sie hat nie daran gezweifelt. Ich will, dass meine Freunde sagen, ich war lustig, ehrlich, offen und klar. Aufgrund dessen versuche ich, auf diese Art zu leben. **Wie wird man an Sie zurückdenken?**

1. November

Im Keim ersticken! Erinnern Sie sich an diesen Spruch von Barney Fife in *Andy Griffith Show*? Barney gab Andy einen Erziehungsratschlag, der das Benehmen von Opie bessern sollte. Er sagte zu Andy: **„Im Keim ersticken!“** Die Aussage war damals gut und ist es immer noch: Wenn Sie schlechtes Benehmen sehen, ersticken Sie es im Keim.

Ich wurde kürzlich daran erinnert, als ich Cesar Millan, den Hundeflüsterer, sah. In der Folge, die ich meine, ging es um einen großen Hund mit aggressivem Futterneid. Die Besitzer durften sich weder dem Hund noch dem Futternapf nähern, denn der Hund knurrte, bellte und schnappte nach ihnen. Sie hatten gegen dieses Problem kaum etwas unternommen und Cesar wies sofort darauf hin, dass sich dieses aggressive Verhalten jetzt über das Fressen hinaus auf andere Bereiche ausbreiten würde, weil es in der frühen Entwicklung des Hundes nicht korrigiert worden war. Er sagte, wenn man die

Aggression nicht schnell und fest unter Kontrolle bringen würde, dann würde der Hund über kurz oder lang jemanden verletzen. Dann brachte er den Hund unter Kontrolle und zeigte dann den Besitzern, wie es ihnen selbst gelang. Das ist seine Einstellung: Sie sind für Ihr Umfeld und für Ihren Hund verantwortlich – bringen Sie ihn unter Kontrolle!

Das ist ein großartiger Rat. **Korrigieren Sie Probleme, wenn Sie sie sehen,** damit sie sich nicht ausbreiten und wachsen. Bringen Sie Ihr Umfeld unter Kontrolle.

Das sind gute Ideen für den Umgang mit Hunden und Kindern. Wir alle haben schon Kinder gesehen, denen man Dinge durchgehen lässt, die korrigiert werden müssten. Wir wissen alle, dass sich das schlechte Benehmen ausbreitet, dass das ungezogene Kind größer und größer wird, bis – wie beim Hund – jemand verletzt wird.

Ersticken Sie das im Keim.

2. November

Ihre Kinder werden die Werte annehmen und nachahmen, die Sie ihnen zeigen. Wenn Sie Ehrlichkeit, Integrität und Worthalten schätzen und wenn Sie diese Dingen in allem Verkehr mit ihnen und mit anderen erwarten, dann werden Sie Kinder haben, die Ehrlichkeit, Integrität und Worthalten schätzen. **Beschließen Sie, welche Werte Ihre Kinder haben sollen** und demonstrieren Sie diese Werte dann durch Ihr eigenes Verhalten.

3. November

Gerade habe ich eine Matratzenwerbung gesehen. Die wollen, dass man seine Matratze über fünf Jahre finanziert. Wenn Sie Ihre Matratze finanzieren müssen, sollten Sie wohl lieber auf dem Boden schlafen!

Da kann ich mich gleich über noch etwas aufregen. Kennen Sie diese Werbung? Ein Paar geht in ein feines Restaurant, bestellt ein Gericht und das Gericht ist so klein, dass sie hinterher an einem Laden anhalten und sich mit Keksen, Chips und Getränken eindecken, damit sie schließlich satt werden. Und dann bezahlen sie mit Karte. Das ist natürlich Kreditkartenwerbung. Passen Sie mal auf: Wenn Sie Getränke und Knabberzeug auf Pump kaufen müssen, sollten Sie zunächst einmal nicht in ein feines Restaurant gehen. Und natürlich sollten Sie auch kein Knabberzeug auf Kredit kaufen!

4. November

Was das Essen angeht, sind die Amerikaner Idioten. Nicht wegen dem, was wir essen, sondern weil wir so viel essen. Ich nehme mich da nicht aus. Ich esse Sachen, die schlecht für mich sind. Ich könnte gut und gern zehn Pfund abnehmen, dann würde es mir viel besser gehen. Glauben Sie nicht, ich würde auf einer Seifenkiste stehen und etwas predigen, dass ich mir nicht anzuhören bräuchte. Ich **liebe** Essen. Ich liebe Essen, das mir nicht guttut. Ich liebe Kekse und Soßen und gebratene Hähnchensteaks und alles, was fettig ist. Ich könnte solche Sachen zu jeder Mahlzeit essen und wäre glücklich. Doch stattdessen versuche ich, sie nur gelegentlich zu essen, schon weil es mich an meine Kindheit erinnert und meine Lust auf Soße befriedigt. Und auch dann versuche ich, **nicht** restlos alles aufzuessen, sondern nur so viel, bis ich satt bin. Probieren Sie das einmal aus – **essen Sie, bis Sie satt sind** und schieben Sie dann den Teller weg. Bitten Sie den Kellner, den Teller mitzunehmen. Auch wenn Sie nur zwei Bissen gegessen haben – wenn Sie satt sind, hören Sie auf zu essen.

5. November

Fünf Dinge, die mir mein Vater beigebracht hat:

1. Lächle; das kostet nichts.
2. Zwei Ohren, ein Mund: Höre doppelt so viel zu, wie du redest.
3. Wenn dich jemand für Arbeit einstellt, arbeitest du. Er ist der Boss und du tust, was er sagt, ob es dir gefällt oder nicht. Dafür wirst du bezahlt.
4. Wenn du dein Wort gibst, hältst du es, komme, was da wolle. Ein Mann ist nur so gut wie sein Wort.
5. Schau den Leuten in die Augen, wenn du mit ihnen sprichst.

Was haben Sie von Ihren Eltern gelernt? Was bringen Sie Ihrem Kind bei?

6. November

Ich habe in der Sendung *Today* eine Frau gesehen, die über ihr neues Buch gesprochen hat, in dem es darum geht, wie wichtig es ist, in verschiedenen Situationen die Wahrheit zu sagen. Auf die Frage, warum Menschen lügen, sagte sie: „‚Lügen' ist so ein hässliches Wort; nennen wir es doch ‚die Wahrheit bearbeiten'." Die Wahrheit bearbeiten? Soll das ein Witz sein? Nennen wir es nicht beim Namen, dann verletzt es niemandes Gefühle. Schminken wir das Schwein schon wieder mit Lippenstift! Ziehen wir es schön an und machen es hübsch, anstatt zu sagen, was es wirklich ist. Das ist das Problem. Wenn man die Menschen nicht mit ihren Lügen konfrontiert, folgt daraus, dass sie nicht das Gefühl haben, sie hätten etwas falsch gemacht. Wenn man die Menschen wegen ihrer Lügen nicht als Lügner bezeichnet, meinen sie vielleicht, sie hätten gar nicht wirklich gelogen – sie könnten meinen, sie hätten bloß die Wahrheit bearbeitet. Unterm Strich: Wir haben eine Nation von Menschen, die entweder nicht wissen, dass sie etwas falsch machen, oder denen es egal ist. Auf jeden Fall fehlt es ihnen an Integrität.

7. November

Warum tun Menschen, was sie tun? Ich werde das oft gefragt. **Fragen Sie sich manchmal, warum Menschen sich so verhalten?** Auf diese Frage gibt es drei Antworten. Erstens verhalten sich Menschen so, weil sie es so wollen. Zweitens verhalten sich Menschen so, weil die Konsequenzen nicht schmerzhaft genug sind, um sie davon abzuhalten. Drittens verhalten sich Menschen so, weil sie meinen, sie würden nicht erwischt werden.

8. November

Die Menschen sagen, sie wollen eine tolle Beziehung mit ihrem Ehepartner oder Lebensgefährten, aber eine Untersuchung ergab kürzlich, dass 65 Prozent der Menschen mehr Zeit mit ihrem Computer als mit ihrem Ehepartner verbringen. Warum ist das so? Liegt das daran, dass sie sich mit dem Computer wohler fühlen? Oder damit besseren Sex haben? Ups, da habe ich jetzt was gesagt! Die meisten Menschen geben sich wenig Mühe, gut auszusehen, gut zu riechen oder sich mit ihrem Ehepartner zu unterhalten. Sie kriechen mit übelriechendem Atem ins Bett, sie stinken wie ein Bock und beschweren sich dann, dass ihr Partner keinen Sex mit ihnen haben will.

9. November

Die Menschen sagen, sie wollen einen sicheren Arbeitsplatz, sie wollen befördert werden, sie wollen auf der Arbeit respektiert werden oder sie wollen eine Lohnerhöhung. Trotzdem kommen sie zu spät und strengen sich kaum an. Die meisten von ihnen arbeiten gerade so viel, dass sie nicht entlassen werden. Trotzdem können sie sich nicht vorstellen, was sie besser machen könnten.

10. November

Ich staune, wie viele Menschen die einfachsten Fähigkeiten wie Grammatik und Rechtschreibung nicht beherrschen. Ich bekomme regelmäßig E-Mails, die offenbar mit dem Ellbogen getippt wurden. Mit den Fingern kann niemand so viele falsche Tasten treffen! Haben die Leute keine Rechtschreibkorrektur? Kommen Sie! Wenn Sie ein Wort tippen und Ihr Computer unterstreicht es rot, ist das ein Hinweis, dass Sie sich vielleicht darum kümmern sollten.

Was mich am meisten aufregt: *your you're, there their.* Das erkennt die Rechtschreibkorrektur vielleicht nicht, aber Sie sollten schlau genug sein, den Unterschied zu kennen!

11. November

Ein großes Ziel zu haben und es nicht zu erreichen, ist verzeihlich. Überhaupt kein Ziel zu haben, ist unverzeihlich.

12. November

Glauben Sie nicht, auf irgendeinem Gebiet würde Ihre Reise reibungslos verlaufen. Dem ist nicht so. **Sie werden Fehler machen.** Sie werden ausrutschen. Sie werden Rückschläge erleiden. Sie werden vom Hänger fallen. Sie werden gelegentlich scheitern. Willkommen in der Wirklichkeit. Das kommt vor. Klopfen Sie sich den Staub ab und fangen Sie von vorn an! Sortieren Sie sich neu. Konzentrieren Sie sich neu. Jammern Sie nicht. Überlegen Sie, was schiefgegangen ist und warum es schiefgegangen ist. Dann reißen Sie sich zusammen und machen sich wieder an die Arbeit!

13. November

Aussagen ohne Umsetzung sind Selbsttäuschungen. Was das heißen soll? **Positive Worte reichen nicht.** Sie müssen beweisen, dass Sie bereit sind, Ihr Leben zu ändern, indem Sie Ihren Worten Taten folgen lassen!

14. November

Lassen Sie sich in nichts hineinziehen, das Sie der Erreichung Ihrer Ziele nicht näher bringt. Das ist eine Herausforderung, aber Sie müssen hart bleiben. Stellen Sie sich folgende Frage: Bringt mich diese Aktivität dem Ort, an den ich will, näher, oder entfernt sie mich von dem Ort, an den ich will? Geben Sie sich eine ehrliche Antwort und tun Sie dann nur Dinge, die Sie dem Ort näher bringen, an dem Sie Ihr Leben verbringen wollen.

15. November

Wenn Ihre Ausgaben Ihre
Einnahmen übersteigen,
werden Ihre laufenden Kosten
Ihr Untergang.

16. November

Im Durchschnitt verbringen die Menschen 20 Stunden pro Woche mit Fernsehen und nur 2 Stunden pro Woche mit Lesen. 58 Prozent der Amerikaner lesen nach der Highschool kein belletristisches Buch mehr. 42 Prozent der Universitätsabgänger lesen nach dem Studium kein Buch mehr. Nur 20 Prozent werden sich in diesem Jahr ein Buch kaufen oder eines lesen. 70 Prozent waren in den letzten Jahren weder in einer Bibliothek noch in einem Buchladen. Ich nehme an, diese Menschen meinen, sie hätten alle Informationen, die sie brauchen, um erfolgreich, wohlhabend, glücklich und gesund zu werden.

17. November

Bedenken Sie im Umgang mit Ihren Kindern, dass Sie nicht vollkommen sind, also tun Sie auch nicht so. Geben Sie Fehler zu. Wenn Sie sie zu sehr maßregeln, wenn Sie sie ungerecht bestrafen oder sie anschreien, wenn Sie es nicht sollten, hören Sie auf und gestehen Sie das Ihrem Kind. Entschuldigen Sie sich. Eltern, die sich die Rolle eines Menschen schaffen, der immer recht hat und nie Fehler macht, verlieren sehr schnell ihre Glaubwürdigkeit und den Respekt ihrer Kinder.

18. November

Machen Sie aus Ihren Problemen keine Katastrophen.
Gehen Sie mit jedem Problem so um, wie es wirklich ist, und nicht so wie Sie meinen, dass es wäre. Das Schlimmste, was passieren könnte, passiert nur selten. Schreiben Sie Ihr Problem auf ein Blatt Papier und gehen Sie mit der Realität Ihres Problems um, nicht mit vagen Möglichkeiten.

19. November

Sie wollen glücklicher werden? **Geben Sie das ständige Bedürfnis auf, recht zu haben.** Für mich ist das eine große Sache. Ich habe gerne recht. Ich glaube, da bin ich nicht der Einzige; ich glaube wir haben alle gern recht. Welchem Idioten macht es schon Spaß, nicht recht zu haben? Suchen Sie sich Ihre Schlachten aus. Nicht alles ist eine Schlacht wert. Manchmal lohnt sich der Kampf nicht, auch wenn Sie wissen, dass Sie recht haben und gewinnen können.

20. November

Bedenken Sie, dass alles, was Ihnen passiert, Sie auf irgendeine Weise wachsen lässt – sogar die üblen Sachen. Eigentlich vor allem die üblen Sachen. **Seien Sie dankbar für die Lehre,** auch wenn es Ihnen schwerfällt, für die üble Sache dankbar zu sein, die dazu geführt hat.

21. November

Jedes Mal, wenn Sie anfangen, sich selbst zu bemitleiden und zu denken, Ihr Leben sei beschissen, sehen Sie sich eine Folge der *Jerry Springer Show* an. **Diese Menschen haben wirklich ein beschissenes Leben!** Sie sind nicht annähernd so schlecht dran, wie Sie glauben!

22. November

Vor vielen Jahren gab es eine Fernsehsendung, in der alle möglichen Leute ihr Werk signieren mussten. Der Straßenkehrer, der Mann, der den Rasen mäht – alle mussten ihre Arbeit signieren und Anerkennung für das Geleistete annehmen. In dieser Werbung ging es um **Stolz auf gute Arbeit,** und das fehlt in unserer heutigen Gesellschaft mit Sicherheit.

Wir sollten alle so arbeiten, als müssten wir unseren Namen unter alles setzen, was wir tun. Ich wette, die Qualität der Arbeit würde sich ein gutes Stück bessern, wenn wir wüssten, dass uns alle um uns her Anerkennung für alles zollen würden, was wir tun, oder sich darüber beschweren würden.

23. November

Ein guter Rat für den Umgang mit Ihrem Partner und Ihren Kindern: **Mehr umarmen, weniger meckern.** Das ist eine kurze, einfache Lektion, die enorme Ergebnisse bringen kann. Wenn es morgen nicht mehr wichtig wäre, kannst du es gleich vergessen. **Schwamm drüber!**

24. November

Stellen Sie Ihre Kinder nicht in den Vordergrund Ihrer Ehe. Stecken Sie nicht so viel Mühe in die Erziehung Ihrer Kinder, dass Sie darüber Ihren Ehepartner vernachlässigen. Die Erziehung der Kinder ist das Wichtigste, was Sie je in Ihrem Leben tun werden. Das ist mir klar. Sie schulden ihnen Ihr Allerbestes. Doch es wird eine Zeit kommen, da sind die Kinder erwachsen, sie gehen weg und Sie stehen mit der Person da, die Sie geheiratet haben. Sorgen Sie dafür, dass diese Person kein Fremder ist.

25. November

Wo ist die Arbeitsmoral unserer Eltern hin? Sie haben gearbeitet, weil sie ihre Versprechen und ihre Verpflichtungen ernst nahmen. Sie wurden zu der Überzeugung erzogen, dass einen sein Wort bindet und dass man einfach arbeitet, wenn man jemandem gesagt hat, man würde arbeiten – keine Diskussion. Wenn einen jemand persönlich verletzte – nun ja, das gehörte zum Job. Wenn man sich körperlich verletzte – nun ja, wenigstens hatte man einen Job. Wenn einen jemand in den Wahnsinn trieb, dann gehörte das auch zum Job. Wenn man mit Idioten zusammenarbeitete, musste man damit zurechtkommen. Wenn der Chef ein Trottel war, musste man sich arrangieren – er war eben der Chef.

„Moment mal, Larry, hat sich seither in Sachen Arbeitnehmerrechte nicht einiges geändert?“ Und was ist mit den Rechten des Unternehmens? Was ist mit den Rechten des Kunden? Der Arbeitnehmer hat das Recht, die Arbeit zu machen, für die er zu einem bestimmten

Lohn eingestellt wurde. Der Arbeitnehmer hat das Recht auf einen physisch gesunden Arbeitsplatz. Das war's. Kein Arbeitsplatz ist stressfrei. Kein Job ist ein Spaziergang.

Es heißt nicht umsonst Arbeit!

26. November

Wenn etwas zu schön klingt, um wahr zu sein, dann ist es das auch. Fallen Sie nicht auf einen Schwindel herein, der unwiderstehlich gut klingt. Es gibt in Nigeria keinen Prinzen, der zehn Millionen Dollar auf einem Konto liegen hat, der zwei Riesen von Ihnen braucht, um sie loszueisen, und der das Geld mit Ihnen teilt, wenn Sie ihm helfen. Die Menschen fallen tatsächlich auf solche Sachen herein. Warum? Wir glauben gern, es gäbe außer Arbeit noch etwas anderes, das uns reich macht.

27. November

Achten Sie darauf, wie Sie in der Öffentlichkeit angezogen sind. Bevor Sie in der Jogginghose mit dem Hängehintern und dem Loch im Knie aus dem Haus gehen, überlegen Sie sich, wie Sie sich fühlen würden, wenn Sie jetzt Ihrem besten Kunden begegnen würden. Es ist schon peinlich, wenn man sich schlampig kleidet und von jemandem gefragt wird: „Sind Sie nicht der aus dem Fernsehen?" Das können Sie mir glauben!

28. November

Wenn Sie mit Ihrem Lebenspartner ausgehen, tun Sie ihm einen Gefallen und seien Sie ein bisschen ehrlich, bevor Sie zur Tür hinausgehen. Ich staune, wenn ich Paare sehen, die ausgehen, und sie sieht toll aus – Stöckelschuhe, kleines Schwarzes, Schmuck und Schminke – und er sieht aus wie nach einem Ringkampf mit einem Ziegenbock. Meine Damen, sagen Sie was! **Gehen Sie mit dem Kerl erst aus, wenn er sich gewaschen hat**, wenn er seine Erwachsenen-Hose und ein paar anständige Schuhe angezogen hat!

29. November

Sie können nicht in jedem Streit gewinnen. Manchmal verlieren Sie auch. Das kommt vor. Und wenn es passiert, machen Sie sich nichts draus. Nebenbei gesagt haben Sie es verdient, dass Sie etwa die Hälfte der Streitgespräche verlieren, auf die Sie sich einlassen. Wieso? Weil Sie im Unrecht sind. Außerdem geraten Sie in Streitgespräche, auf die Sie sich gar nicht erst hätten einlassen sollen. Bei denen ist es egal, ob Sie gewinnen oder verlieren. **Gewinnen Sie die wirklich wichtigen.**

30. November

Ich höre Menschen sagen, sie wollten in Würde altern. Warum sollte man das wollen? Gehen Sie hinaus, schlagen Sie um sich und schreien Sie. **Alt und klapperig werden nur Memmen!** Bleiben Sie fit, bleiben Sie fröhlich und hauen Sie drauf, bis Sie sterben. Ich bin der gleichen Meinung wie Cher. Als sie gefragt wurde, was am Altwerden gut sei, sagte sie: „Überhaupt gar nichts!“ Exakt meine Meinung.

1. Dezember

Warum sollten Sie darauf aus sein, so erfolgreich zu werden, wie Sie nur können? **Weil Sie es können.** Diese vier Wörter sind der Schlüssel. Verdienen so viel Geld, wie Sie können, werden Sie so gesund, wie Sie können, seien Sie so glücklich, wie Sie können, machen Sie Ihre Arbeit so gut, wie Sie können. Seien Sie in allen Bereichen Ihres Lebens so erfolgreich, wie Sie nur können. Warum? Weil Sie es können. Sie sind verpflichtet, so viel aus sich zu machen, wie Sie können, ganz einfach weil Sie es können!

2. Dezember

Als ich klein war, brachte mir mein Vater etwas sehr Wertvolles über Geld bei. Er sagte: „Mit Borgen und Geld ausgeben kann man seine Schulden nicht loswerden.“ Ich fragte ihn: „Und wie wird man sie los?“ Er antwortete: „Man arbeitet hart und bezahlt sie ab.“
Diese Lehre leistet mir seit vielen Jahren gute Dienste. Ich glaube, sie würde auch dem Staat und vielen Unternehmen gute Dienste leisten. Diese Lektion sollte die ganze Gesellschaft lernen. Wenn Sie in Schulden stecken, glauben Sie nicht, Sie könnten Ihre Situation durch Ausgeben oder Borgen verbessern. Machen Sie sich stattdessen an die Arbeit und fangen Sie an, sich loszukaufen.

3. Dezember

Werden Sie locker. Machen Sie sich nicht in die Hose. Die meisten Dinge, über die Sie sich aufregen, sind auf lange Sicht nicht wichtig. Tatsächlich sind die meisten schon nach einer halben Stunde nicht mehr wichtig.

4. Dezember

Verkehre mit den Weisen,
und du wirst ein Weiser.

Sprüche, 13:20

Verkehre mit den Dumpfbacken,
und du wirst auch Dumpfbacke genannt.

Larrys Sprüche 1:08

5. Dezember

Denken Sie groß! Machen Sie auf allen Ebenen Schluss mit der Kleinlichkeit.
Ist es wirklich so wichtig, ob man die Zahnpastatube von der Mitte oder vom Ende her ausdrückt?
Wen interessiert es, wer im Restaurant eine Nachspeise hatte und wer nicht? Teilen Sie einfach die Rechnung und ziehen Sie weiter.

Seien Sie nicht kleinlich – das ist einfach unschön.

6. Dezember

Lassen Sie die Schuldfrage. Sie können entweder etwas an der Schuld ändern oder das Problem beheben. Verwenden Sie Ihre Zeit auf die Behebung des Problems. Mir selbst passiert das auch manchmal. Ich zeige gern mit dem Finger auf den Schuldigen. Das kann ich gut. Ich kann besser als jeder andere ein Geschehen aufrollen, um herauszufinden, wessen Fehler es war. Nachdem ich Energie aufgebracht habe, um jemandem die Schuld zu geben, geht es mir tatsächlich ein bisschen besser … vorübergehend. Aber damit bin ich kein Stück über das Problem hinaus auf eine Lösung zugegangen. Ich habe gemerkt, dass es besser ist, den Teil mit der Schuld zu überspringen und gleich die Lösung anzupeilen.

7. Dezember

Wenn ich nicht die gewünschten Ergebnisse erziele, versuche ich zu erfahren, warum das so ist. Es liegt immer daran, dass ich etwas Dummes gemacht habe. Ich habe etwas getan, das nicht mit meinen Worten und Wünschen übereinstimmt. **Das ist ausnahmslos mein Fehler.** Das gilt übrigens auch für Sie und für Ihre Fehler. Wenn Sie nicht bekommen, was Sie wollen, liegt das daran, dass Sie etwas Dummes gemacht haben.

8. Dezember

Verkaufserfolg kurz gefasst:

Finden Sie heraus, was die Menschen wollen, und geben Sie ihnen mehr davon. Finden Sie heraus, was die Menschen nicht wollen, und geben Sie ihnen davon nichts. Und wie finden Sie heraus, was die Menschen wollen und was sie nicht wollen? Fragen Sie sie. Es ist erstaunlich, was man alles herausfindet, wenn man einfach fragt.

9. Dezember

Die meisten Menschen sind gern bereit,
für weniger mehr zu bezahlen,
wenn sie darauf vertrauen,
dass sie dabei gut bedient werden.

10. Dezember

Wenn Sie Menschen und ihre Arbeitsleistung beurteilen, stellen Sie sich folgende zwei Fragen:

Ist der Mitarbeiter **bereit**, den Job zu machen?
Ist der Mitarbeiter **fähig**, den Job zu machen?

Meistens werden Sie herausfinden, dass Mitarbeiter fähig sind, den Job zu machen, aber dass sie nicht bereit sind, den Job zu machen. Das ist sehr schade, denn die Fähigkeit können Sie ihnen beibringen, aber hinsichtlich der Bereitschaft ist überhaupt nichts zu machen.

11. Dezember

Sie haben einen gewissen Ruf. Vielleicht sind Sie als guter Mensch bekannt. Das ist gewiss nicht schlecht. Vielleicht sind Sie als guter Mensch bekannt, auf den man sich nicht wirklich verlassen kann. Das ist nicht gut. Sie haben diesen Ruf aufgrund ihrer früheren Handlungen. **Wenn Sie einen guten Ruf haben wollen,** müssen Sie sich Ihrer Handlungen bewusst sein. Manchmal eilt Ihnen Ihr Ruf weit voraus und schlägt Ihnen die Tür vor der Nase zu, bevor Sie ihn einholen.

12. Dezember

Wenn Sie es mit Trotteln zu tun haben,
bedenken Sie Folgendes: Begeben Sie sich nie auf deren Ebene hinab. Da wollen sie Sie nämlich haben. Sie können sie vielmehr so richtig herunterlaufen lassen, wenn Sie sich über sie und über die Situation erheben, in die sie Sie gebracht haben. Wenn sie sich aufführen, ignorieren Sie sie oder lachen Sie ihnen ins Gesicht, aber diskutieren Sie nicht mit ihnen. Vergessen Sie nicht: Die haben das Spiel erfunden, und wenn Sie sich auf ihr Niveau begeben und mitspielen, gewinnen die.

13. Dezember

Manchmal ist das Licht am Ende des Tunnels ein Zug. Nicht zu jeder Wolke gibt es einen Silberstreif. Manchmal verbirgt sie einen Tornado. Nicht alle Probleme sind Chancen. Hallo, Herr Positiv – machen Sie mal halblang! Wischen Sie sich das dämliche Lächeln aus dem Gesicht, nehmen Sie die rosarote Brille ab und stellen Sie sich der Realität. Die Lage ist beschissen und um das zu beheben, brauchen Sie einen realistischen Blick und harte Arbeit!

14. Dezember

Manchmal werden Sie Ihre Arbeit nicht lieben und sie wird Ihnen nicht einmal Spaß machen. Manchmal stinkt sie Ihnen und Sie hassen sie. Erinnern Sie sich in diesem Moment an den Deal, den Sie bei Ihrer Einstellung geschlossen haben: dass Sie erscheinen und arbeiten würden. Dieser Deal war nicht an die Bedingung geknüpft, dass Sie Ihren Job lieben, dass Sie sich dabei gut fühlen oder dass er Ihnen Spaß macht. Ihre Kollegen, Ihre Kunden und das Unternehmen sollten nicht darunter leiden, dass Ihnen gerade heute die Arbeit keinen Spaß macht. **Schlucken Sie's und machen sich wieder an die Arbeit.**

15. Dezember

Ist Ihr Unternehmen lausig,

dann weil Sie ein lausiger Unternehmer sind.

Ist Ihr Umsatz lausig,

dann weil Sie ein lausiger Verkäufer sind.

Sind Ihre Mitarbeiter lausig,

dann weil Sie ein lausiger Manager sind.

Ist Ihr Kundendienst lausig,

dann weil Sie lausigen Kundendienst abliefern.

Alles in Ihrem Leben ist deshalb lausig,

weil Sie lausig sind.

16. Dezember

In allen Unternehmen ist der Kunde König. Wir alle haben Kunden, auch wenn wir ihnen unterschiedliche Namen geben. Anwälte nennen sie Klienten. Ärzte nennen sie Patienten. Schriftsteller nennen sie Leser. Redner nennen sie Publikum. Die meisten Unternehmen nennen sie einfach Kunden. Es ist eigentlich nicht wichtig, wie Sie sie nennen, aber es ist wichtig zu wissen, dass der Kunde Ihr Boss ist. Die Kunden haben das Geld, und Sie sind dazu da, ihnen gute Dienste zu leisten, damit sie bereit sind, dieses Geld mit Ihnen zu teilen. Sie entscheiden darüber, ob Sie in schweren Zeiten überleben und wie sehr Sie in guten Zeiten gedeihen. Außerdem sagen Ihnen die Kunden, ob Sie Ihren Job gut machen, und sie beschweren sich, wenn Sie das nicht tun. Sie arbeiten für die Kunden – die wichtigsten Posten jedes Unternehmens.

17. Dezember

Ihre Freundschaften sollten nicht zu viel Mühe erfordern. **Freundschaften sollten leicht fallen.** Wenn Sie sich viel Mühe geben müssen, um eine Freundschaft aufrechtzuerhalten, dann ist es keine rechte Freundschaft. Freunde akzeptieren Sie und lassen Sie so sein, wie Sie sind. Sie gestehen Ihnen gute und schlechte Tage zu. Sie lassen Sie idiotisch sein und sich zum Narren machen. Sie lassen Sie sogar jammern. Aber ein wahrer Freund lässt Sie all das nicht sehr lange tun. Ein wahrer Freund wird Ihnen auch sagen, dass Sie dumm sind und dass Sie etwas verbessern müssen.

18. Dezember

Beantworten Sie diese Frage: Was ist wichtiger: was Sie tun oder was Sie schaffen? Die Antwort ist leicht: Das Wichtigste ist, was Sie schaffen. **Vergessen Sie Zeitmanagement** und arbeiten Sie lieber To-do-Listen ab .

19. Dezember

Wieso ist immer genug Zeit da, etwas noch einmal zu machen, aber nie genug Zeit, etwas beim ersten Mal richtig zu machen?

20. Dezember

Schaffen Sie den Plunder weg. Nehmen Sie sich ein bisschen Zeit, schauen Sie Ihren Schrank durch und tun Sie die Kleider weg, die Sie in diesem Jahr nicht getragen haben. Schauen Sie die Müll-Schubladen in Ihrer Küche durch und entrümpeln Sie sie. Gehen Sie in die Garage und schaffen Sie einen Teil des Schrotts weg, über den Sie stolpern, wenn Sie zum Auto gehen. Schauen Sie Ihre Schreibtisch-Schubladen durch und räumen Sie alles aus, was Sie nicht mehr unbedingt brauchen, um Ihre Arbeit zu machen. Nehmen Sie sich die Zeit, sich das Leben dadurch einfacher zu machen, dass Sie sämtliches Gerümpel aus Ihrem Leben entfernen.

21. Dezember

Was ist in einer Ehe das Wichtigste? Die Liebe ist es nicht. Die Liebe wird in tagtäglichen langfristigen Beziehungen total überschätzt. Sie ist ein zusätzlicher Pluspunkt. Ich liebe viele Menschen. Aber ich mag nicht sehr viele Menschen. Es kommt oft vor, dass es meiner Frau und mir schwerfällt, einander zu lieben. Sie ist ja sehr liebenswert, aber ich? Eher weniger. Aber es hat noch nie eine Zeit gegeben – egal, was wir durchgemacht haben –, zu der ich sie nicht mehr gemocht hätte als alle anderen Menschen auf dem Erdball. Ich bin lieber bei ihr, verbringe lieber Zeit mit ihr und rede lieber mit ihr als mit jedem anderen Menschen. Ich teile ein Essen, einen Film, ein Erlebnis oder einen Witz lieber mit ihr als mit irgendjemandem sonst. Deshalb klappt es bei uns. Deshalb findet sie sich mit mir ab und ich mich mit ihr. Wir mögen einander aufrichtig. Das hat wenig mit unserer Ehe zu tun. Es hat damit zu tun, dass sich zwei Menschen entschieden haben, in guten Zeiten, aber vor allen Dingen auch in schlechten Zeiten zusammen zu sein, weil wir einander einfach so sehr mögen. Die Tatsache, dass wir uns die meiste Zeit lieben, ist bloß ein Pluspunkt.

22. Dezember

In der Lage zu sein, **anderen Menschen zu verzeihen, ist schwer,** vielleicht weil wir nicht glauben, dass andere Menschen Vergebung verdient haben. Wahrscheinlich haben sie das auch nicht. Ganz ernsthaft. Wahrscheinlich haben sie es nicht verdient, dass ihnen verziehen wird, und sie bitten auch gar nicht um Verzeihung. Vergessen Sie es also, Menschen zu verzeihen, weil sie es verdient hätten. Sie sollten Menschen verzeihen, weil Sie es verdient haben, und nicht weil sie es verdient haben. Sie haben es verdient, über die Ungerechtigkeit hinwegzugehen. Sie haben es verdient, Ihr Leben über die Verletzung hinaus fortzusetzen. Denken Sie daran, dass Sie das Beste verdient haben, was das Leben zu bieten hat; und das erleben Sie nur, wenn Sie anderen verzeihen und wieder glücklich sein können.

23. Dezember

Hier eines der wichtigsten Dinge, die ich je gelesen habe: „Der Kelch deiner Freude kann höchstens so tief sein wie der Kelch deines Kummers.“ Ich habe mit diesem Gedanken lange gehadert. Ich wollte nicht glauben, dass ich, um das Gute zu genießen, auch das Schlechte erfahren müsste. Eigentlich habe ich dieses Konzept zutiefst abgelehnt. Inzwischen bin ich älter und ein bisschen weiser, und ich habe viel mehr erlebt als damals, als ich zum ersten Mal über diesen Gedanken nachdachte. Ich hatte mehr Gipfel-Erlebnisse und ich habe mehr Zeit in Tälern verbracht.

Ich habe Folgendes gelernt: **Das Tal ist ein Ort zum Lernen.** Es ist ein Ort zum Ausruhen. Dort erfährt man Demut. Dort lernt man sein authentisches Ich kennen. Dort sammelt man Energie, sodass man wieder in die Berge aufbrechen kann. Berggipfel zu besteigen ist berauschend und macht

Spaß. Aber man kann kaum oben bleiben, ohne dass man sich hinsetzt oder ein Lager aufschlägt. Wenn man das tut, wird man faul, man stagniert, und irgendwann taucht jemand auf, der einem von dem Gipfel verjagt. Am besten genießt man die Zeit, die man oben ist, bedenkt aber, dass zu jedem Auf ein Ab gehört. Zu jedem Hoch gehört ein Tief. Entscheidend ist es, **beide zu genießen.**

24. Dezember

Woher wissen Sie, dass Sie es geschafft haben? Wenn Sie noch leben, haben Sie es noch nicht geschafft. Sie verwirklichen nie Ihr ultimatives Potenzial. Sie verdienen nie das ganze Geld, das Sie verdienen könnten. Sie lernen nie alle Lektionen, die es zu lernen gibt. Sie erweisen nie so vielen Menschen Dienste, wie Sie könnten. Sie geben nie so viel, wie Sie geben könnten. Sie arbeiten nie so hart, wie Sie es könnten. Sie lieben nie so sehr, wie Sie lieben könnten, und sicher haben Sie nie so viel Spaß, wie Sie haben könnten. Denken Sie nicht daran „es zu schaffen", so wie man ein Ziel erreicht. Machen Sie sich vielmehr klar, dass Sie sich in einem ständigen Zustand des „Schaffens" befinden, wenn Sie in allen Bereichen Ihres Lebens alles tun, was Sie können – bis zu dem Tag, an dem Sie sterben. Es geht nicht darum, anzukommen; es geht um die Reise.

25. Dezember

Dieser Tag erinnert an das Geben – nicht Nehmen, sondern **Geben**. Mit zunehmendem Alter wird mir immer mehr klar, dass es im Leben weniger um das geht, was man bekommt, als um das, was man gibt. Ich bin ein sehr eigennütziger Schenker. Auch wenn das für Sie vielleicht keinen Sinn ergibt, versichere ich Ihnen, dass das stimmt. Mir gefällt das Gefühl, wenn ich jemandem etwas nur deshalb schenke, weil ich weiß, dass es ihm Freude macht. Ich liebe das Prickeln, das mir das Schenken verschafft, weil ich es mir leisten kann. Mir gefällt das Gefühl, so viel gegeben zu haben, dass es schon ein Opfer ist – egal ob Zeit, Geld oder Gefälligkeiten. Ich gebe eigennützig, weil es mir gefällt, was das in mir bewirkt. Meine Geschenke mögen anderen zugute kommen, aber der große Gewinner bin ich.

Geben ist auch die beste Versicherungspolice, die ich kenne. Wenn Sie dafür sorgen wollen, dass Ihnen immer gute Dinge passieren, dann sorgen Sie dafür, dass Sie das Gute hergeben, das Sie haben.

26. Dezember

Wenn das Leben keinen Spaß macht, dann liegt das daran, dass Sie keinen Spaß machen. Ihr Leben ist immer Ihr Spiegelbild. Lustige Menschen führen ein lustiges Leben. Diskutieren Sie nicht mit mir – unternehmen Sie was. Werden Sie lustiger. Beschaffen Sie sich lustigere Freunde. Kaufen Sie sich ein Witzbuch. Sehen Sie sich witzige Filme an. Schauen Sie in den Spiegel und lachen Sie sich selbst an.

Probieren Sie das einmal aus: Nehmen Sie die Dinge und sich selbst nicht mehr so ernst. Das Leben ist gar nicht so kompliziert, wie Sie es machen.

27. Dezember

Die **kalte, harte Wahrheit.** Haben Sie das schon einmal gehört?
Deshalb mögen die Menschen die Wahrheit nicht, denn **sie ist nicht warm und kuschelig;** sie ist kalt und hart. Deshalb sagt man: „Die Wahrheit tut weh." Tatsächlich merkt man daran, dass es die Wahrheit ist.

28. Dezember

Sex ist das Coolste, was es auf dem Erdball gibt, aber unsere Gesellschaft tut alles, um ihn falsch oder schmutzig erscheinen zu lassen. Wir versuchen ihn gesetzlich zu regeln, ihn zu begrenzen und zu entscheiden, mit wem man Sex haben darf und mit wem nicht. Nichts davon funktioniert. Tatsächlich bewirkt das sogar, dass die Menschen noch mehr davon wollen. Und was ist nun die Lösung? Mehr Sex. Machen Sie es, so oft Sie wollen, mit jemandem, den Sie lieben, bis zum Tage Ihres Todes. Wenn Sie Glück haben, sterben Sie auf diese Art. Wenn Sie das anstößig finden, dann weil Sie keinen Sex bekommen.
Solange alle Beteiligten volljährig sind und es wollen, tun Sie es!
Sex soll man genießen. Wir sind dafür gebaut, es zu machen, und das ist so vorgesehen. Sex ist der körperliche Ausdruck unserer Gefühle gegenüber einer anderen Person. Manchmal macht es einfach nur Spaß, es aus keinem anderen Grund zu tun.
Das Ausleben von Sexualität verursacht selten gesellschaftliche Probleme. Sexuelle Unterdrückung hingegen fast immer.

29. Dezember

Produktivität ist Mist. Soll ich Ihnen das beweisen? **Was haben Sie heute geleistet?** Ganz ernsthaft. Was haben Sie heute geleistet, das sich konkret in der Bilanz des Unternemens niederschlägt, das Ihnen einen Scheck ausstellt? Lügen Sie nicht. Und jetzt kürzen Sie die Antwort um 75 Prozent, dann sind Sie näher an dem, was Sie wirklich geleistet haben.

30. Dezember

Nehmen Sie ein Blatt Papier und schreiben Sie ganz genau auf, wie Ihr Leben aussehen soll. Gehen Sie ins Detail. Dann konzentrieren Sie sich täglich auf diese Dinge. Wenn Ihnen noch etwas einfällt, schreiben Sie es auf die Liste. Das ist keine Festlegung von Zielen, sondern von Prioritäten. Ihre Gedanken, Ihre Worte und Ihre Handlungen richten sich immer auf das, was Ihnen wichtig ist. Wenn die Dinge, die Sie aufgeschrieben haben, wirklich Ihre Prioritäten sind, dann schreiten Sie täglich zur Tat. Dann können Sie wirklich glücklich, gesund, erfolgreich und reich werden.

31. Dezember

Wenn Sie sicher wüssten, dass eine einzige Idee Ihnen eine Million Dollar einbringen könnte, wann wäre ein guter Zeitpunkt, sie anzugehen? Wie wäre es mit dem nächsten Jahr? Klingt das nach einem guten Zeitpunkt, diese Idee in Angriff zu nehmen?

Wenn Sie im Moment pleite sind und das Geld wirklich brauchen könnten, warum warten Sie da mit dieser Idee nicht noch ein Jahr, bis Sie eher in der Stimmung sind, eher inspiriert sind oder eher motiviert sind? Klingt doch sinnvoll, oder?

Gute Ideen werden mit der Zeit nicht besser.

Wenn Sie auf eine tolle Idee kommen, die Ihr Leben zum Besseren verändern kann, legen Sie gleich los!

ET REIHE

Larry Winget, der „Pitbull of Personal Development", führt die Liga amerikanischer Erfolgstrainer an. Gleich vier Bestseller gehen inzwischen auf sein Konto: „Halt den Mund, hör auf zu heulen und lebe endlich!" bietet ungewöhnliche und effektive Lebenstipps. Mit „Mach Deinen Job!" korrigiert der Autor schlechte Angewohnheiten im Berufsleben. In „Goodbye Pleite, hello Luxus" wird Schuldenberatung zum lehrreichen Lesevergnügen. „Menschen sind Idioten und ich kann's beweisen" schließlich schafft Abhilfe bei Selbstsabotage. Ein Autor, der Spaß und Erfolg garantiert.

Larry Winget: Halt den Mund, hör auf zu heulen und lebe endlich!
22,90 € / 328 Seiten / geb. mit SU / ISBN: 978-3-938350-16-4

Larry Winget: Mach Deinen Job!
22,90 € / 264 Seiten / geb. mit SU / ISBN: 978-3-938350-44-7

Larry Winget: Goodbye Pleite, hello Luxus
22,90 € / 192 Seiten / geb. mit SU / ISBN: 978-3-938350-72-0

Larry Winget: Menschen sind Idioten und ich kann's beweisen
22,90 € / 288 Seiten / geb. mit SU / ISBN: 978-3-941493-08-7